WAS MEIN PFERD

MIR SAGEN WILL

VON
MARIE-LUISE VON DER SODE

CADMOS
PFERDEBÜCHER

© 1999 by Cadmos Verlag GmbH Lüneburg
Gestaltung: Ravenstein Brain Pool
Titelfoto: Wedekind
Druck: Grindeldruck, Hamburg
Printed in Germany

ISBN 3-86127-516-3

VORWORT

Im harmonischen Umgang mit Ihrem Pferd geht es nicht in erster Linie darum, mit ihm zu flüstern, mit ihm zu sprechen oder um es herum ein Lied zu singen. Denn dabei drehen wir uns nur um uns selber und unsere eigenen Belange, die wir versuchen durchzubringen. Wir sprechen mit Pferden, um sie zu beruhigen oder zu ermuntern - oder auch uns selber im Umgang mit ihnen. Wir sammeln unsere Kräfte zu einem Flüstern. Indem wir sie bündeln zum Leisesein, zu einer Dringlichkeit in Ruhe und Stille, sind wir intensiver und klarer in der Kommunikation.

Doch diese dreht sich dann inhaltlich um unsere Vorgaben, unseren Führungsansatz und unsere Wünsche für die Zusammenarbeit mit dem Freund und Partner Pferd in Sport und Freizeit.

Flüstern, Sprechen, Liedersingen, das sind alles sehr gute Ausdrucksformen, ist ein angenehmes Benehmen rund ums Pferd und ein kompetentes Verhalten. Doch was noch viel wichtiger ist: Sie können damit angemessen auf die offenen Fragen antworten, die Ihnen Ihr Pferd stellt.

Doch woher wissen Sie, was Sie dem Pferd inhaltlich sagen sollten, was der Gehalt Ihrer Sätze ist?

Nehmen Sie deshalb zuerst die Rolle des aktiven Zuschauers ein, bevor Sie selber reden. Das aufmerksame Beobachten sowie das genaue Hineinhorchen in die Positionen, Gebärden, Bewegungen und Laute des Lebewesens, mit dem Sie einen Dialog führen möchten, dem Sie etwas sagen wollen, verhilft Ihnen zu unschätzbaren Erfahrungen.

Pferd und Mensch sprechen von Natur aus unterschiedliche Sprachen. Sie kommen deshalb auch mit dem Pferd erst ins Gespräch, wenn Sie seine Sprache, die für Sie eine Fremdsprache ist, erlernen wollen.

Dafür brauchen Sie Zeit: Zeit an der Koppel und neben dem Reitplatz, Zeit beim Füttern, der täglichen Pferdepflege und für ausgedehnte Spaziergänge.

Einen besonderen Standpunkt haben Sie, wenn Sie Ihr Pferd beobachten und in seinen Äußerungen erhören, während Sie auf ihm reiten.

Beobachten, Horchen und aufmerksames Wahrnehmen sind unbedingte Talente und Fähigkeiten, die sich immer lohnen, wenn Sie sie für sich und mit sich selber entwickeln. Schon alleine dadurch werden Sie ein differenzierter und angenehmer Gesprächspartner sein.

Ich möchte mit diesem Buch hilfreich sein für die angemessene Interpretation der Sprache des Pferdes. „Was Ihr Pferd Ihnen sagen will" äußert sich zuerst innerhalb seiner Möglichkeiten über seinen Bewegungsausdruck, Körperausdruck und über seine Sinnesorgane.

Es gibt einen großen Erfahrungsschatz aus der Verhaltensforschung und aus den langjährigen Beobachtungsreihen der Menschen, die mit Pferden leben und arbeiten. Geben Sie sich eine Chance, diesen Erfahrungsschatz zu nutzen. Sie werden es dadurch viel einfacher haben, mit Ihrem Pferd umzugehen und es zu reiten.

Während Sie Veränderungen und Entwicklungen im Körperausdruck und Gefühlsausdruck Ihres Pferdes mitbekommen, können Sie reagieren. Sie ersparen sich und Ihrem Pferd (Tier) Arztkosten, Sie erhöhen die Sicherheit im Umgang miteinander wesentlich, und vor allen Dingen haben Sie und Ihr Pferd viel mehr Spaß miteinander und aneinander.

Von außen betrachtet entwickeln Sie Hexenkräfte, Sie werden ein Merlin sein. Das ist doch ein phantastischer Ausgleich, „wesenhaft" „wesentlich" zu kommunizieren, während Sie ansonsten vielleicht Börsenberichte interpretieren oder Futons verkaufen.

Dabei haben Sie nur angefangen wahrzunehmen, was sowieso da ist und Ihnen vorher nur entgangen ist. Jemand spricht mit Ihnen und nach dieser Lektüre können Sie darauf reagieren: mit Flüstern, Sprechen, Liedersingen, vielleicht sogar mit Schimpfen.

Was Ihr Pferd Ihnen sagen will, interpretieren Sie jetzt angemessen zu Ihrem eigenen Wohl und dem Ihres Pferdes.

Ich wünsche Ihnen dafür die Bereitschaft und den Mut und daraus resultierend Glück und Freude. Ganz sicher werden Ihre Pferde Ihnen einen weiten Weg entgegenkommen, wenn Sie diese aufnehmende Haltung entdecken, die von sachlicher Kompetenz unterlegt ist.

BEWEGUNGS-AUSDRUCK

Das Pferd als ehemaliger Savannenbewohner hat Bewegung im Blut. In der Überwindung unendlicher Entfernungen (oft mehrere tausend Kilometer) hat es sich angewöhnt, ruhig zu ziehen, und sich körperlich und seelisch darauf eingerichtet. Es läuft gewissermaßen auf kleinem Fuß, das heißt auf der Mittelzehe, um sich leicht zu halten. Sein Euter ist klein, damit es bewegungsbereit bleibt. Ehemals karges Nahrungsangebot und jahreszeitlich bedingte Klimaschwankungen zwangen die Pferde, häufig und wenig Nahrung zu sich zu nehmen und dabei große Entfernungen in gemäßigtem Tempo zu überwinden.

Um ihre Art zu erhalten, konnten die Urpferde es sich nicht leisten, lange zu schlafen, und auch unser Hauspferd versinkt in den tiefen Erholungsschlaf nur für rund zwei Stunden am Tag. Ohne weiteres kann es dann noch mehrere Stunden vor sich hin träumend verbringen. Haben Sie schon gesehen, wie ein Pferd dasteht, wenn es döst? Die Augen sind halb geschlossen, die Unterlippe hängt entspannt herab, das Maul ist locker. Meistens ruht es, wenn es einen Hinterfuß abknickt und auf dem Außenhorn des Hufes absetzt.

Natürlich ist das Wildpferd jederzeit bereit zur Flucht. Solange unsere Pferde durch Vollblutrassen, also Renn-

pferde, veredelt und geadelt werden, erhalten wir uns dieses Talent zum Durchstarten, Beschleunigen und Einherrasen. Wenn diese Fähigkeit zur panikartigen Flucht gar nicht so erwünscht ist, weil Sie beispielsweise ein Reitanfänger sind oder Ihr Pferd hauptsächlich für Spiel und Sport mit Kindern eingesetzt werden soll, oder wenn Sie Ihre Freude beim Reiten eher aus gemeinsam nah erlebter Langsamkeit und Gemächlichkeit beziehen, wäre es sinnvoll, sich als Reittier auf die sogenannten Schrittpferde zu besinnen. Diese können sehr wohl auch traben und galoppieren. Meistens sind sie jedoch kiloschwerer und haben daher größeren Aufwand, sich „in Fahrt" zu bringen. Natürlich waren die Arbeitspferde der meisten europäischen Landstriche daher überwiegend Kalt-

Flips döst entspannt im warmen Sand.
Foto: Kröncke

Das Fjordpferd im alten Typ ist ein Schrittpferd. Foto: K. Wedekind

blutrassen. Doch auch das ruhigere Temperament der Kaltblüter darf uns nicht darüber hinwegtäuschen, daß Pferde Bewegungstiere sind. Ebensowenig kann es da noch verwundern, daß Ihr Pferd mit Ihnen spricht, indem es sich in Bewegung darstellt.

Wenn ein Pferd flieht, spannt es sich hart und kurz in seiner Muskulatur an. Für die Kraftansammlung zur Beschleunigung macht es sich steif und fest - sozusagen bretthart. Es trägt sein Genick hoch und zum Reiter hin nach hinten gezogen. Im Hals hält es sich dabei kurz. Sein Atem verflacht. Die Augen sind eher starr, der Schweif wird oft gehoben oder schief getragen wie eine Standarte. Die Hufe trommeln, das Laufen ist jetzt nicht mehr weich und elastisch, sondern stakkato und

abrupt. Für eine Flucht macht sich das Pferd also im ganzen Körper bereit.

Für den Reiter fühlt sich die Flucht des Pferdes nicht schön an und sie ist natürlich auch kein sicheres Verhalten. Der Zusammenklang fehlt. Das Pferd ist jetzt gebündelte Energie nach vorne, weg von allem. Ein gegenseitiges Hinhören ist nicht mehr möglich. Das Pferd auf der Flucht kippt leicht in ein panisches Verhalten. Es läuft dann unverständig und unkalkulierbar in Risiken hinein, wie eine steile Böschung oder auf eine sehr befahrene Straße, wo es auf dem Asphalt auch noch ausrutscht.

Glücklicherweise ist die panische Flucht unter dem Reiter eher selten, kommt aber vor. Meistens liegt ein Ausbildungsfehler zugrunde, insbeson-

*Fröhlicher
„Fluchtgalopp eines
Fohlens".
Foto: Schmelzer*

dere, wenn das Pferd vor dem Reiter selber flieht. Das ist natürlich die ungünstigste Voraussetzung und daher am gefährlichsten. Typisch für diese Situation wäre, wenn ein Pferd durchgeht, sobald Sie sich auf dem Pferd die Nase putzen oder eine Jacke an- oder ausziehen. Solche Pferde haben ein mangelhaftes Körpergefühl über sich. Sie haben nie richtig hingeschaut und noch nicht begriffen, daß der Reiter hoch über ihnen ist. Wenn sie dann plötzlich darauf hingewiesen werden, geraten sie in Panik und laufen los.

Manche Pferde haben keine Wahrnehmung, kein Gefühl für ihre rechte Körperseite, da an ihnen immer von links hantiert wird. Sie rasen los, wenn der Reiter beim Aufsitzen sein rechtes Bein über den Sattel auf die rechte Sei-

te herüberschwingt. Manchmal genügt es schon, wenn beide Steigbügel lose herabhängen und das Pferd im Schritt angeführt wird. Ein gutes Gefühl und einen klaren Blick für seine linke und rechte Körperhälfte sollte beim Reitpferd daher immer geschult werden.

Wickeln Sie Ihr Pferd in Körperseile ein, berühren und massieren Sie es am ganzen Körper oder streichen Sie es sachte mit der flachen Hand ab. Zeigen Sie ihm Ihr Arbeitsmaterial wie Satteldecken, Steigbügel und anderes. Bringen Sie Abwechslung in Ihr tägliches Training – indem Sie beispielsweise auch einmal von rechts satteln, aufsitzen und führen. Arbeiten Sie ruhig alleine mit Ihrem Pferd, es kann sich dann besser auf die von Ihnen angebotenen Informationen konzentrieren.

Dieses Pferd spielt mit dem Hund. Es schätzt die Gefahr angemessen ein.
Foto: Schmelzer

Berücksichtigen Sie bitte auch die Umgebungssicherheit Ihres Pferdes nach hinten. Manche Pferde rasen unkontrolliert los, wenn ihr Schweif sich in einem Ast verheddert oder ihnen ein Hund kläffend zwischen die Beine fährt. Diese Situation können Sie vorüben und damit sichergehen, daß Ihr Pferd hinter sich guckt und die Gefahren angemessen einschätzt und nicht überbewertet. Das Körpergefühl des Pferdes über sich, neben sich, hinter und unter sich wird zu selten überprüft, obwohl es munter geritten wird. Es gerät dadurch in eine Situation von Verdrängung und Überforderung. Das kann zu panikartiger Flucht führen. Beim Durchgehen aus einem Fluchtverhalten heraus sind Sie immer

gefährdet. Ich vermeide diese Gefahrenquelle durch vorbeugende Maßnahmen, mit denen ich das Körpergefühl und Raumgefühl des Pferdes teste und es mit einigen Übungen nachlernen und nachreifen lasse. Ich tue das zu meiner eigenen Sicherheit und weil es ein unangenehmes Gefühl ist, auf einem panisch daherrennenden Pferd zu sitzen.

Natürlich kann es auch passieren, daß ein Pferd aus einem unvorhersehbaren äußeren Anlaß in Panik gerät und flieht. So empfinde ich es immer als sehr unangenehm, wenn Heißluftballons auffliegen oder neben den Pferden landen. Manche wehen eine lange Strecke auf die Pferde zu, um direkt auf der Pferdekoppel zu landen. Sie brauchen selber sehr viel Platz und offenen Raum, und die Ballonführer sind mit dem Panikverhalten von Pferden offensichtlich nicht vertraut.

Auch Mähdrescherfahrer verhalten sich gerne omnipotent auf dem Feldweg. Sie stürmen in hohem Tempo heran, ohne Rücksicht darauf, daß die Pferde nicht ausweichen können. Auf diese Weise bin ich selber schon einmal mitsamt Kutsche und Shetty im Gespann im Graben gelandet.

Ein Durchgehen und Wegrasen aus Angst vor Überraschungen und Lärmentwicklungen aus der Umgebung kann natürlich immer vorkommen. Vorbeugen können Sie, indem Sie die Pferde nicht reizarm halten und auch in einem von lebendigen Bewegungen und Geräuschen durchsetzten Gelände reiten.

Die meisten Pferde zeigen in jungen Jahren eine große Freude am Rennen und trainieren nebenher ihre Fluchtbereitschaft. Für den Rennsport werden diese Talente dann selektiert und unterrichtet. Und so hat der Vollblüter eine ausgesprochen große Schwäche und Leidenschaft, ein Faible fürs Rasen und den schnellen Sprint. Sie haben dann die besondere Freude und den Extragenuß, Geschwindigkeit und Beschleunigung unter Ihrem Sitz zu spüren immer mit dem leichten Extrakick, nicht zu wissen, ob Sie das Tempo noch jederzeit kontrollieren können. Es ist nämlich ein schönes Gefühl und eigentlich die Voraussetzung zum gesicherten Reiten, wenn Sie Ihr Pferd jederzeit anhalten können. Die meisten Warmblüter heute haben immer noch einen guten Schuß Veredlung in ihrem Blut. Irgendwo in ihrer Ahnenreihe waren Rennpferde vertreten. Auch die allermeisten Reitponys sind mit dem arabischen Vollblut gekreuzt. Um sie zu adeln, wurden den robusten Wildbahnponys die harten Wüstenrenner zugeführt. Daraus entsteht uns Reitern die besondere Verantwortung, gerade solche Pferde und Ponys „nach vorne" zu reiten. Vollblutgeprägte Pferde brauchen den freien Vorwärtsgalopp mindestens jeden zweiten Tag innerhalb ihres alltäglichen Trainings. Sie entwickeln sich sonst zu zappeligen, zackeligen, humpelnden „Krücken" unter dem Sattel. Wenn Sie keine Lust haben, so viel und energisch „nach vorne" zu reiten, am liebsten auch noch ohne Zügeleinwirkung, dann sollten Sie sich ein kaltblutgeprägtes Pferd kaufen und - sich beide - gemächlicher einsetzen.

Die Freude am Rennen ist also bei den meisten Pferden „Lifestyle". Pferde sind hochentwickelte Nestflüchter. Bereits wenige Stunden nach der Geburt ist das Fohlen in der Lage, der Mutter im Galopp zu folgen. Wie schade, wenn diese Fähigkeit und Freude anhaltend frustriert wird. Es werden ja so viele Fohlen extra früh im Jahr geboren und dann über Tage, Wochen und Monate überwiegend in der Box gehalten. Abgesehen von ihrem Bewegungsapparat, der nicht eingeübt, sondern eher lahmgelegt wird, erleidet die Psyche eine Beeinträchtigung, da der Wille zum Vorwärts unterdrückt oder gar nicht erst geweckt wird.

Wenn Sie sich ein Pferd kaufen, sollten Sie den Versuch machen, sich nach seiner Kinderstube zu erkundigen. Hat es gleichaltrige Weidegefährten gehabt und auch gleichgeschlechtliche? Hatte es Platz um sich herum zum Spielen, Toben, Werben, Kämpfen? Konnte es

*Diese Islandpferde
haben ihren Spaß
am Laufsport.
Foto: Schmelzer*

seine Laufbereitschaft einüben? Wann fand diese den natürlichen Bedingungen angeglichene Aufzucht ihr Ende? Manchmal leben über den Verkauf an neue Besitzer geratene eineinhalb- und zweieinhalbjährige Pferde das gesetzte Leben eines Veteranen. Wenn Sie nur erst einmal das druckvolle unermüdliche Rennen und Spielen von Aufzuchtpferden kennen, werden Sie ein unan-

Das mit einem Halsring gerittene Pferd behält die Zuversicht, nach vorne anzutreten
Foto: Schmelzer

genehmes Gefühl bekommen, wenn Sie vereinsamte Langsamtreter statt dessen als Jungpferd vorgeführt bekommen.

Pferde sind also zum Rennen geboren. Wenn Sie gerne etwas weniger davon nutznießen wollen, können Sie sich ein Pferd oder Pony kaufen, das älter ist als zwölf bis vierzehn Jahre. Dann läßt der Bewegungsdrang etwas nach. Oder Sie halten sich an ruhigere unveredelte Rassen oder wählen aus jeder Rasse den klassischen Typ, den sogenannten Stocktyp.

Wenn der Lauftrieb eines Pferdes nachhaltig abgebremst oder frustriert wurde, erleidet es nicht nur Schaden am unentwickelten Bewegungsapparat; auch das Herz hat keine Kraft, die Lungenflügel arbeiten nicht genügend, oder Sehnen und Bänder sind zu weich in ihrer Grundinformation.

Wird ein Pferd permanent am freien Laufen gehindert, wird es aufmüpfig und rotzig frech im Vorstadium, im Endergebnis jedoch dösig und faul. Ein faules Pferd macht sich bald fest im Körper. Es stumpft ab, stolpert oder „latscht" einher. Es kann Ihnen dabei unmöglich ein gutes Reitgefühl vermitteln, da der „swing" im Bewegungsablauf fehlt, also das Durchlaufen einer Bewegung in jede Faser und somit die Durchlässigkeit. Die meisten Schulpferdereiter haben auf bewegungsfrustrierten Lehrpferden das Reiten gelernt und kennen den normalen, richtig entwickelten Bewegungsablauf der jeweiligen Pferderasse gar nicht. Im Gegenteil unterstützen sie triebiges und verhaltenes Gehen oft noch dadurch, daß sie sich am Zügel festhalten oder hinter der Bewegung des Pfer-

Diese Weidegruppe strahlt Harmonie und Freundschaft aus.
Foto: Schmelzer

des einsitzen. Beim Reiter wird ein unnatürliches, unechtes Gefühl für das Gangbild des Pferdes eingeschliffen, und sein Pferd verändert Takt und Raumgriff und verlangsamt den Rhythmus. Dieser Schleichgang vermittelt manchen Menschen mit Fallängsten ein Gefühl von Sicherheit, doch der Schein trügt. Tatsächlich ist das verhaltene, feste oder triebig faule Pferd zu weltabgewandt. Aus nichtigem Anlaß wacht es dann plötzlich auf, wenn beispielsweise jemand einen Regenschirm aufklappt.

Das verhaltene Pferd kann also Nichtigkeiten zum Anlaß nehmen für gewaltige Explosionen. Andere bleiben zu jeder Zeit faul und stumpf im Gang. Nach und nach versteifen sie mit Arthrosen im Huf oder an den anderen großen Gelenken. Ab dann macht Bewegung weder dem Pferd noch dem Reiter Spaß, und die

gesundheitliche Beeinträchtigung ist erheblich. Und jedes Gefühl, das Ihr Pferd im Körper hat, gibt es an Sie ab. Verknöcherung war es aber doch ganz bestimmt nicht, was Sie sich vom Reiten erhofft haben!

DIE BEDEUTUNG DER NATÜRLICHEN ANLAGEN FÜR DAS TÄGLICHE TRAINING

Nutzen Sie für die Entwicklung einer Arbeitseinheit „Reiten" den Spieltrieb Ihres Pferdes aus. Pferde spielen, indem sie nebeneinander, hintereinander oder auch einzeln hin- und herrasen. Manchmal buckeln sie leicht, um ihren Rücken zu runden, manchmal ziehen sie wundervolle Kreise um die Gruppe der anderen herum. Zwischendurch halten sie an und machen eine Pause. Dann atmen sie oft lustvoll und energisch schnaubend aus. Je mehr Ihre Jungpferde und Pferde über Offenstall und Weidehaltung diese Elemente von Bewegung ausleben können, desto beiläufiger können sie diese Elemente im Training vom Boden und beim Reiten anklingen lassen. Insofern spart eine artgerechte Haltung Ihnen Trainingszeit und Umwege, die Sie für Ihr eigentliches Ziel beim Reiten machen müßten.

Von großer Bedeutung ist dabei, daß die Weidegruppe harmonisch zusammengestellt wurde. Bedenken Sie, daß es sich dabei häufig nicht um einen erarbeiteten familiären Verband handelt, sondern um eine willkürliche Zusammenstellung einer Art, im ungünstigen Fall häufig wechselnd in der Gruppenzusammensetzung. Beob-

achten Sie daher eingehend, ob Ihr Pferd auf der Weide überhaupt zum Spielen kommt.

Stellen Sie sonst das Zusammenspiel mit Ihnen selber im Klima der Trainingseinheit und auch inhaltlich dar. Seien Sie ermutigend und ermunternd, wenn Sie Ihr Pferd freilaufen lassen oder an der Longe vor sich herschicken. Lassen Sie es rasen, trabend rhythmisch Kreise ziehen, tief abschnauben oder im Schritt und im Halten eine Pause machen. Sie bringen dadurch in Stimmung und Haltung eine große Freude in Ihre Zusammenarbeit. Daraus erwächst beim Pferd die Bereitschaft, alles für Sie zu geben und zu tun. Gleichzeitig verhält es sich nicht in Festigkeit und Verschleiß. In der Realität wird häufig sehr ernstsinnig und drohend gearbeitet. Mensch und Pferd

Waldböschungen hochzureiten ist eine gute Rückenschule für die Pferde. Foto: Schmelzer

begeben sich miteinander wechselseitig in eine düstere Stimmung. Unbewußt sollen so Angstgefühle und Autoritätsverlust kompensiert werden. Das dient jedoch weder dem schönen Reiten noch der Gesunderhaltung von Pferd und Reiter.

Und bedenken Sie wieder: Ihr Körper und Ihre Gefühlswelt nehmen beim Reiten das auf, was das Pferd Ihnen übermittelt. Lassen Sie sich den Spieltrieb des Pferdes in Ihren Körper hochschicken und nicht Angst und Aufmüpfigkeit oder Resignation und Festigkeit. Reiten Sie so, daß Sie singend vom Pferd steigen. Selbst in der Offenstallhaltung und mit dem Willen, ausschließlich freundlich spazieren zu reiten, erreichen Sie nicht annähernd dieses Reitgefühl, das das Pferd Ihnen gibt, wenn Sie mit Biß ein Spiel miteinander spielen.

Setzen Sie in Ihrem gemächlichen Reiten dennoch Reize, wie z. B. Waldböschungen hochzureiten, Bäche zu überqueren sowie kleine Baumstämme und Äste zu überwinden. Das spielende Pferd nimmt jede Gelegenheit wahr, Aufgaben und Grenzleistungen auszuprobieren. Beziehen Sie also diese Angebote beim Reiten und in der Bodenarbeit mit ein, bekommen Sie vom Spieltrieb des Pferdes Ihr angestrebtes, frohes und lebensmutiges sowie erhabenes Reitgefühl zurück.

Wechseln Sie Ihre Trainingseinheiten ab zwischen dem Gymnastizieren in einer Reithalle oder auf einem mit leichtem, federndem Boden belegten Außenreitplatz und abwechslungsreichen kleinen oder längeren Ausritten allein, zu zweit oder auch in einer Gruppe. Bedenken Sie dabei, daß manche Pferde gründlich angelernt werden müssen, um sich alleine im Gelände gut und gesichert zu benehmen. Fangen Sie an mit einer kleinen Runde, wechseln Sie die Richtungen. Benachrichtigen Sie beim Ausritt alleine immer jemanden, wo Sie zu finden sind, falls das Pferd alleine nach Hause kommen sollte. Andere Pferde wiederum müssen das gute Benehmen in einer Reitgruppe gründlich einüben, um allen Beteiligten einen gesicherten, entspannten Ausritt zu bereiten. Rangieren Sie das gruppenungeübte Pferd an zweiter Stelle der Gruppe ein. Möchte es auf Platz eins wechseln, können Sie ihm das erlauben. Achten Sie darauf, daß die Reiter hinter dem gruppenungeübten Pferd nicht zu dicht aufreiten.

Häufig gilt beim Ausritt: Kopf an Schweif. Dafür brauchen die Pferde eine gewisse Sicherheit im Umgang miteinander. Bei unerfahrenen Pferden sollte man vorsichtshalber eine Pferdelänge Abstand einhalten. Auf geeigneten Wegen sehr schön und harmonisch verläuft auch das Reiten zu zweit nebeneinander. Dafür braucht nun wieder der Reiter eine gewisse Sicherheit, sein Pferd „am Platz" reiten zu können. Ideal ist es, wenn jedes Pferd und jeder Reiter beim Ausritt alle Positionen einübt. Dazu gehört auch, von der Gruppe wegzureiten und wieder zurückkehren zu können, ohne daß Unruhe entsteht.

Dazu fallen mir meine beiden Ponyhengstfohlen ein. Sie sollten, beide drei Monate alt, in der Ausreitgruppe neben den Müttern herlaufen (dürfen). Jedoch alsbald verschwanden sie im sausenden Galopp zu zweit in fremdes Gelände und entfernten sich

Der Ausritt zu zweit nebeneinander übt Selbstvertrauen bei Pferd und Reiter ein. Foto: Schmelzer

mindestens einen Kilometer von der Gruppe. Sie kehrten zehn Minuten nach der Reitgruppe in rasendem Galopp die Dorfstraße entlangkrachend frohen Herzens zurück. Dann sprangen sie über den Draht- und Stromzaun auf eine Nachbarkoppel, wo ein ihnen nicht freundlich gesonnener Appaloosawallach lebte. Als dieser sie jagte, sprangen sie wieder aus der Koppel heraus und kehrten gesund und unversehrt heim. Die Ponykinder waren begeistert, während ich fluchte und schwitzte. Passiert war bei dem ganzen Unternehmen nichts. Ich habe gelernt, wieviel Power, Selbständigkeit und Orientierungssinn in so kleinen Fohlen stecken kann.

DER UMGANG MIT SPIELENDEN, KÄMPFENDEN UND WERBENDEN PFERDEN

In den Spielelementen der Pferde und Ponys wird natürlich auch ihre Kampfbereitschaft angelegt. Auch die jungen Stuten ertüchtigen sich wehrhaft. Sie kreischen und quietschen, krabbeln meterweise rückwärts und schlagen ungezielt drohend aus. Mitunter wollen sie treffen, während sie mit dem Hinterfuß die Wucht des Schlages immer noch abgestuft dosieren. Das beschlagene Pferd übrigens kann durch das Gewicht des Hufeisens seinen Schlag in seiner Wucht nicht mehr einteilen. Hauptsächlich daraus resultiert die Einschätzung, daß es besonders gefährlich ist, sich den Pferden von hinten zu nähern.

Hengstfohlen spielen anders: Sich ansteigen, strampeln und winkeln mit dem Vorderbein sowie das schnelle Drehen umeinander, während der Spielpartner in die Beine gezwickt wird – das sind die Ausdrucksformen, mit denen der Überlegene den Unterlegenen buchstäblich in die Knie zwingt.

Versucht Ihr Hengstfohlen oder sogar der ausgewachsene Wallach auch nach Ihnen mit dem Vorderbein zu treten, wenn er sich von Ihnen geärgert oder mißverstanden fühlt? Werden Sie unangemeldet gezwickt? In den Oberarm, die Taille oder den Po? Versucht Ihr Pferd, an der Longe oder beim Freilaufen, Sie gar anzusteigen? Dann haben Sie ein Reifungs- und ein Rang-

ordnungsproblem. Hier sollten Sie schnellstens für klare Verhältnisse sorgen! Halten Sie sich athletisch und sportlich rund um solche Pferde. Sammeln Sie Ihre Kraft in den Schwerpunkt und stehen Sie mit beiden Füßen auf dem Boden. Verhalten Sie sich also gesammelt und bauchstark sowie „geerdet" und bewegungsbereit. Seien Sie rund um Ihr Pferd sehr aufmerksam. Zerstreute Tüdeligkeit mit Leckerlis in den Taschen kann dazu führen, daß Ihr Pferd Sie heftig beißt, anbolzt oder umrennt.

Reiten Sie sportlich oder delegieren Sie an einen sportlichen Reiter. Füttern Sie nicht bei der Arbeit. Seien Sie klar, knapp und herzlich in der Ansage. Lassen Sie sich nicht zu Prügeleien hinreißen. Seien Sie in diesem Fall wirklich dominant und vorausschauend beherrscht.

Das Ansteigen gehört zum Spielerepertoire männlicher Pferde. Foto: Kröncke

Bei einem Hengstfohlen können Sie den Machtkampf überwiegend vermeiden. Halten Sie es artgerecht in einer größeren Gruppe gleichaltriger Pferde mit viel Auslauf. Wenn es dann antreten muß zum Schmied oder Tierarzt, verhält es sich meistens respektvoll abwartend. Auch wenn ein älteres männliches Pferd sich im hengstigen Kampfverhalten an Ihnen erprobt, sollte es in seiner Freizeit in einer gleichgearteten Gruppe beschäftigt sein. Reiterlich sollten Sie ein solches Pferd ausarbeiten, wenn es ansonsten gesund ist. Bieten Sie ihm im reiterlichen Repertoire das hengstige Spiel an. Erziehen Sie es in das Kompliment und den Spanischen Schritt aus der Zirkusschule, springen Sie mit ihm und lassen Sie es versammelt gehen in den Lektionen der Hohen Schule. Sie können dadurch gegen Sie gerichtete männliche Energie umwandeln in konstruktive Zusammenarbeit mit Ehrgeiz und Ausdruck. Von den im Fohlenalter erprobten männlichen Kampfformen des Pferdes haben Sie einen Gewinn beim Reitgefühl, das zu Ihnen zurückkommt.

Für den in der Reitkunst unterwiesenen sportlichen Reiter ist es besonders erlebensreich und angenehm für den eigenen Körper, den Bewegungsausdruck eines werbenden Pferdes in ein Gangbild im Einklang mit dem Reiter umzuleiten. Das ist der richtige Platz für Begriffe wie Aufwölbung, Erhabenheit, Imponierverhalten und Schwingen. Der gesamte Bewegungsablauf in Schritt, Trab, Galopp und auch die Ausrichtung im Stand ist kadenziert, betont und imposant.

Die reiterfreundliche Umsetzung des Werbeverhaltens beim Pferd gelingt insbesondere bei Hengsten und auch

Erziehung zum „Kompliment" als einen Ausschnitt konstruktiver Zusammenarbeit. Foto: Kröncke

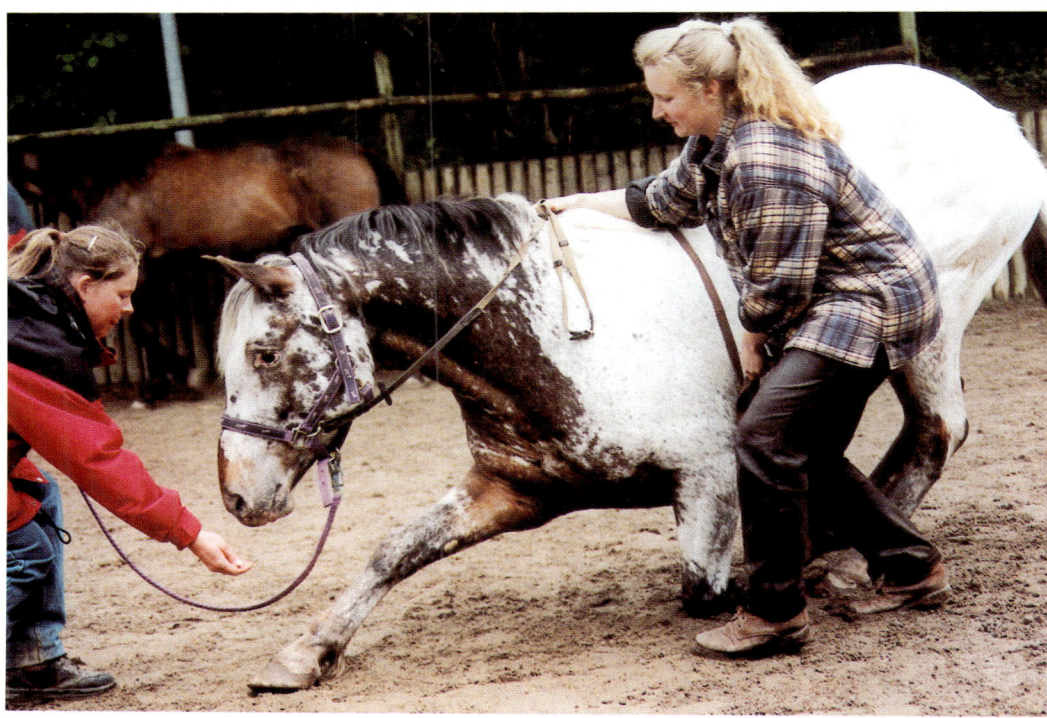

Trachten Sie danach, beim Reiten den Ausdruck des werbenden Pferdes anzulegen. Foto: Schmelzer

bei instinktstarken Wallachen. Versammelte und in der Trittlänge erweiterte Bewegungsphasen in allen Gangarten sind besonders ausdrucksstark. Ihr Pferd will auffallen, beeindrucken, gut ankommen bei der Stute. Die Nähe, die das werbende Pferd zu anderen Pferden sucht, können Sie reiterlich abfangen durch Aufgabenstellungen, die eine besondere Konzentration sowohl auf die Einwirkung des Reiters verlangen als auch auf die Linienführung und Richtung der Bewegung.

Die Sammlung zur Einhaltung einer bestimmten Bewegungsrichtung, besonders bei Kreisen oder Linien zur „Acht", wirkt auch immer meditativ beruhigend. In Schwierigkeiten geraten Sie beim Reiten also am ehesten, wenn Sie das werbende Pferd nur „bummelant" durch die Natur ausreiten wollen. Es verliert dann seine Konzentration auf Sie unter dem Drang zur Nähe nach dem umworbenen Pferd.

Bei werbenden Stuten kann es manchmal schwierig sein, eine Reiteinheit durchzuführen. Das Schließen des Reiterbeines, das tiefe Einsitzen kann bei der auf das andere Geschlecht ausgerichteten Stute auslösen, daß sie entweder reflexhaft und beständig anhalten möchte und sich bereitstellen, oder sie möchte, noch nicht ganz zur Paarung bereit, auskeilen, den Schweif drehen, kreischen, quietschen und anderes.

In dieser Situation kann der Reiter nur Takt und Geschick einsetzen im Einklang mit einem wohldosierten Gebrauch des eigenen Körpers auf dem Pferd. Im Umgang mit der nur noch reflexhaft reagierenden werbenden Stute können Sie natürlich auch aufgeben und ein paar Tage „zu Fuß" gehen, während Ihr Pferd sich auf der Weide vergnügt. Oder aber Sie wollen es „in Bewegung" halten, um in ein paar Tagen an Ihrem vorher angelegten Trainingsstand anschließen zu können. In diesem Fall sollten Sie Ihren Sitz öffnen, also Ihre Reiterschenkel nur leicht am Pferd halten und die Stute mit Stimmung und Stimme sowie leichtem dosiertem Gerteneinsatz voranbringen.

Das nicht neurotische, nicht charakterverdorbene Pferd verhält sich in der Werbung sehr, sehr nett. Dringlich, fragend und fordernd, dennoch respektvoll und abwartend, ist es insgesamt auf den richtigen Zeitpunkt eingestellt und daher sehr liebevoll. Wenn Sie von der Ausformung dieses Verhaltens für Ihr Reitgefühl profitieren wollen, sind Sie auch ebenso in Ihrer Konzentration und Ihrer Charakterbildung gefordert. Lassen Sie sich gerne anstecken von dieser Stimmung, die hochschraubt, aufbrausend zu einem Wohlgefühl, während Sie sich gleichzeitig kontrollieren und zurücknehmen, um auf die Gelegenheit zu warten, sich zu Ihrer beider Vorteil einzubringen.

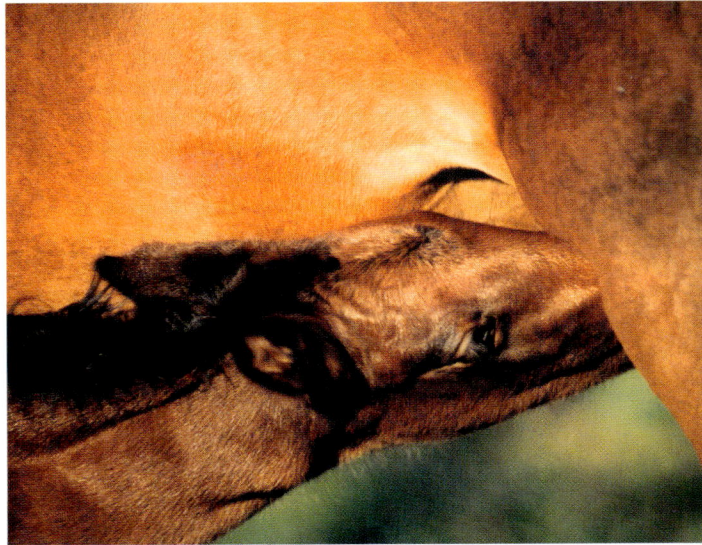

Beobachten Sie die Kontakte zwischen Mutterstute und neugeborenem Fohlen.
Foto: T. Jakobi

DIE SPRACHE DER MUTTERSTUTE

Sie erhalten wunderbare Gelegenheiten, die Sprache des Pferdes in seinem Bewegungsausdruck kennenzulernen, wenn Sie die Mutterstute dabei beobachten, wie sie ihr Saugfohlen vom ersten Tag an und von der ersten Stunde an erzieht. Die Laute und Lautmalereien können Sie nicht nachmachen. Jedoch können Sie für die Bodenarbeit, Longenarbeit und für die Hilfengebung beim Reiten profitieren, wenn Sie beobachten, wann, wo und wie sich die Stute korrigierend und auch schimpfend einbringt, welche Körperstellen sie am Fohlen berührt und wie sie ihren eigenen Körper zum Fohlen hin einsetzt.

Gleich nach der Geburt begrüßt die Stute ihr neugeborenes Fohlen mit einem sanften Rufen und Brummeln in der Stimme. Innerhalb der ersten zwei Stunden nach der Geburt sollte das Fohlen aufstehen, damit es zum Absaugen der wertvollen Kolostralmilch kommt und zum Absetzen des sogenannten Darmpechs, des ersten angesammelten Kots. Wenn das Fohlen die Kolostralmilch verliert oder nicht bekommt, geht sein allererster Schutz für sein Immunsystem verloren. Und wenn es das Darmpech nicht absetzen kann, bekommt es erhebliche, manchmal nicht verkraftbare, Bauchschmerzen und Darmkoliken.

Die Stute leitet das Fohlen mütterlich instinktiv an. Zusätzlich steht sie häufig unter dem Druck, den die erste Milch im Euter verursacht.

Wenn die Stute durch die Geburt sehr geschwächt ist und nicht aufstehen möchte oder die Nachgeburt nicht heraus will, hat das Fohlen von Anfang an ein Problem. Ebenso ist es für das Fohlen unmöglich, in die richtige Orientierung zur Pferdewelt zu kommen, wenn die Stute sich abweisend oder gar hysterisch verhält, also nach dem Fohlen schlägt, es angreift oder keine Berührungen, kein Stupsen vom Fohlen am eigenen Körper aushalten kann.

In der Wildbahn und bei artgerechter Haltung, drinnen und draußen in der harmonischen Weidegruppe, kommt ein solches Verhalten natürlich sehr selten vor. Mittlerweile ist es aber leider häufiger zu beobachten, es handelt sich dabei um einen Kulturschaden, eine Degenerierung durch die Zivilisation, auch des Pferdes. Bei den sogenannten Robustrassen und den Ponys ist ein hysterisches und abweisendes Verhalten der Stute gegenüber ihrem eigenen Fohlen noch immer sehr selten.

Da Pferde meiner Meinung nach ein großes Seelenleben haben, kommt der instinktstarken Unterstützung der Mutterstute durch eine harmonische Weidegruppe eine besondere Bedeutung zu. Die Gruppe spürt die bevorstehende Geburt und kündigt sie dem aufmerksamen Pferdezüchter durch ihr feierlich erwartungsvolles Verhalten an. Für die Geburt zieht sich die Stute etwas aus der Gruppe zurück. Wenn sie sich nach wenigen Stunden wieder eingliedert, sind die anderen Herdenmitglieder unterstützend als „Onkel" und „Tanten" zur Stelle. Und wenn die Stute ausfällt, werden sie kurzfristig alle Schutzfunktionen für das Fohlen alleine übernehmen können.

Im Normalfall steht das Fohlen innerhalb der ersten halben Stunde nach der Geburt auf. Dann tastet und tapert es staksig umher, auf der Suche nach der Muttermilch. Es stupst die Stute an, am Bauch, an den Flanken, an den Beinen und am Euter, wenn es sich richtig orientiert und sein Saugreflex sich anläßt. Die Stute unterstützt im Regelfall diese Bemühungen des Fohlens, indem sie sich hinten breitbeinig hinstellt und sich seitlich übertretend, immer wieder passend zum Fohlen hin, ordnet. Zusätzlich schubst sie buchstäblich das Fohlen an den rechten Fleck. Sie schiebt mit dem Maul am Sitzbeinhöcker, um es voranzubringen, wenn es zu weit vom Euter entfernt ist, und sie kehrt es, ebenfalls mit dem Maul, an seinem Hinterteil seitlich zu sich heran, wenn es sich nicht parallel zur Mutter hin ordnet, um zu saugen.

Wollen Sie Ihr Pferd beim Anlernen in der Bodenarbeit oder am Langzügel voranbringen, können Sie genau das ebenfalls tun mit dem Druck einer geschlossenen Faust auf den Sitzbeinhöcker. Soll Ihr Pferd seitlich übertreten und dabei in seiner Längsachse balanciert bleiben, setzen Sie den mit

Aufmerksam und gelassen hält die Mutterstute ihr Fohlen im Auge.
Foto: T. Jakobi

der Faust nachdrückenden Impuls seitlich am Hüftgelenk an. Auch verdorbene Pferde reagieren dann nicht übelnehmerisch, sondern gehorsam ausweichend. Sie erkennen die Information aus der Fohlenschule wieder.

Die Mutterstute erzieht ihr Fohlen autoritär zum Gehorsam. Sie dreht es bei, neben sich, jedoch von der Gefahr weg. Wenn es in den ungeschützten Raum hinein der Stute wegläuft, jagt sie es und bringt es mit Kneifen in Hals und Brust und sachtem Auskeilen hinten wieder neben sich. Dabei drängt die Stute das Fohlen ab, bis es sich im Takt und Tempo nach ihr richtet.

Nebenbei ordnet die Stute sehr wohl das Sexualverhalten ihres Fohlens. Sie erlaubt ihm nicht, sich in „schlechter Gesellschaft" aufzuhalten, von der Gefahr ausgeht, selbst wenn es sich dabei nur um andere Fohlen handelt, die sich rüpelhaft und unflätig benehmen. Die Stute vertreibt den drangsa-

lierenden Spielgefährten oder Gegner und dreht das Fohlen wieder an ihre Seite bei.

Wie ich meine, können wir für unseren Umgang mit Pferden viel vom Erziehungsverhalten der Mutterstute lernen, insbesondere, wenn wir ihren Bewegungsausdruck dabei beobachten. Von Anfang an kommunizieren Pferde über Bewegung. Sie sind dabei autoritär, ordnend und beschützend. In der klassischen Reitlehre wird häufig gelernt, sich eher statisch ruhig zu verhalten. Das betrifft den Sitz auf dem Pferd, die Einwirkung, die Handhaltung sowie die Boden- und Longenpositionierung seitens des Reiters oder Trainers. Innerhalb der fast statischen Ruhe kann aber nur das sehr weit ausgebildete und extrem fein abgestimmte Pferd erkennen, was wir von ihm wollen. Alle anderen brauchen die Unterstützung, die aus unserem eigenen Bewegungsverhalten und Bewegungsausdruck kommt. Erst mit dem gezielten Gebrauch unseres eigenen Körpers kommunizieren wir klar.

Zudem zeigt uns das Erziehungsverhalten der Stute, daß Pferde Ordnungen gewöhnt sind und einen liebevollen, jedoch autoritären Erziehungsstil kennen und verstehen. Etwas verstehen heißt auch immer, sich sicher zu fühlen. Seien Sie also im Verhalten gegenüber dem Pferd nicht zu zärtlich vorsichtig, während es sein Spielverhalten und seine Launen im Umgang vom Boden und beim Reiten auslebt. Setzen Sie liebevoll und klar Grenzen, in die sich Ihr Pferd einordnet. Lassen Sie sich beispielsweise nicht von Ihren Pferden körperlich bedrängen, besonders wenn Sie eine Weide betreten. Lassen Sie sich beim Hufeauskratzen nicht kneifen (in den Allerwertesten) und beim Führen des Pferdes am Halfter nicht voranschleifen. Drehen Sie Ihr Pferd am Halfterband seitlich bei, wie Sie es bei der Mutterstute in ihrer Fohlenerziehung beobachten konnten.

VON UNSCHÄTZBAREM WERT: DIE HARMONISCHE WEIDEGESELLSCHAFT

Bei der unbedingt anzustrebenden artgerechten Pferdehaltung haben Sie den besonderen Auftrag, Ihr Pferd vor den anderen zu beschützen, wenn es noch nicht in eine harmonische Weidegruppe integriert ist. Wenn Sie selber ein im artgerechten Verhalten eingeübtes, eher neurotisches Pferd besitzen, das die anderen auf der Weide malträtiert, sollten Sie die Verantwortung übernehmen, die restliche Gruppe zu schützen und Ihr Pferd nacherziehen und nachreifen lassen (zum Beispiel in Problempferdekursen). Zusätzlich können Sie die Gruppe so zusammenstellen, daß es Ihrem Pferd leichter fällt, sich einzuordnen.

Viele Reitställe haben erkannt, daß die Pferdehalter Weidemöglichkeiten für ihre Pferde suchen, und bieten eine oder mehrere Auslaufweiden an, die dann unreflektiert bestückt werden.

Soziales Fellkraulen ist ein Ausdruck von Harmonie in der Pferdeherde. Foto: Kröncke

Manche Pferde können sich in einem losen, sich immer wieder neu zusammensetzenden Pferdeverband zurechtfinden und andere nicht. Bilden Sie eine Arbeitsgemeinschaft „Weide". Reflektieren Sie mit Ihren unterschiedlichen Beobachtungen und Ihrem angesammelten Kenntnisstand die Situation auf Ihren Weiden. Ordnen Sie die Pferdegruppen so, daß Ruhe, Schlaf, soziales Mähnekraulen und Spiel vorherrschen und nicht in die Ecke drängen, aus der Weide heraustreiben oder kämpfen.

Ich habe in einigen Ställen und insbesondere beim Pferdehandel undifferenzierte Weidezusammensetzungen unter neurotischen Pferden beobachten können und war entsetzt und besorgt über die Gesundheit und den Seelenfrieden dieser Pferde. Sie hielten sich in ständiger Unruhe mit Drohungen, Kampf und gegenseitigen Verletzungen. Und bedenken Sie immer: Wie sich Ihr Pferd fühlt, in welchem Gesundheitszustand es ist und wie es sich überwiegend im Bewegungsverhalten ausdrückt: all das bekommen Sie als Reitgefühl in Ihren Körper zurück. Es lohnt sich daher, Bewegungsstudien anzustellen, daraus zu lernen und ordnend einzugreifen. Das ebenfalls daraus resultierende, immer noch weit verbreitete Resümee, Pferde einzeln nebeneinander aufzustallen, kann natürlich nicht die Lösung sein. Nur den allerwenigsten und allerbesten Reitern und zirzensischen Meistern gelingt es dann, im Training das gesamte Bewegungsrepertoire des Pferdes zu aktivieren und sie in ihrer körperlichen und seelischen Gesundheit nicht zu verlieren. Der durchschnittliche Reiter und Pferdehalter – und dazu

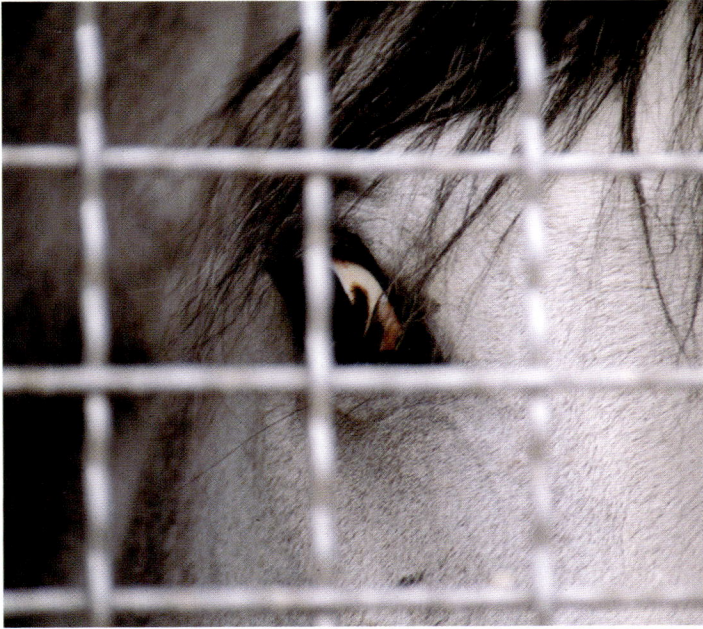

Pferde sollten die allerkürzeste Zeit ihres Lebens hinter Gittern verbringen. Foto: Schmelzer

zähle ich mich auch selbst – ist auf die natürlichen Grundlagen des Pferdes angewiesen, um daraus harmonisches, fein abgestimmtes Reiten anzuleiten.

BEWEGUNGSDRANG UND BEWEGUNGSBEDARF

Wenn Sie den Bewegungsausdruck des Pferdes studieren, sollten Sie Kenntnisse haben über den Bewegungsdrang von Pferden. Wie an anderer Stelle dieses Buches schon beschrieben, legte das Wildpferd früherer Zeiten auf der Suche nach Nahrung Strecken von mehreren tausend Kilometern zurück, also etwa von der Nordsee bis nach Italien.

Ein Pferd kommt mit wenig Schlaf aus, ungefähr mit zwei Stunden, und ist in der Lage, zusätzlich mehrstündig im Stehen auszuruhen. Dabei wechseln die Tiere sich im Bewachungsauftrag für die Gruppe ab, so daß sie nachein-

Pferde wechseln sich mit dem Bewachungsauftrag für die Gruppe ab. Foto: P. Prohn

sur, Springen, Gelände- und Distanzreiten und natürlich die Disziplinen im Westernreiten. Es handelt sich um Nachkommen verwilderter Pferde, die spanische Eroberer auf ihren Schiffen mitgebracht hatten und die ihnen geraubt wurden oder anderweitig entkamen. Für die heutigen Bedürfnisse und Anforderungen im Reitsport oder beim Freizeitreiten sind sie jedoch in der Regel zu instinktstark und hartköpfig, überlebensgestählt, mißtrauisch und frech.

Wenn Sie die Arbeitswilligkeit und Kooperationsbereitschaft unserer Reitpferde einschätzen wollen, müssen Sie bedenken, daß es sich um gut selektierte Nachfahren unserer Arbeitspferde handelt, der Pferde, die im Kampf oder bei den Truppenbewegungen des Militärs unersetzlich waren, der Pferde, die im Gespann gingen, der Pferde der Bauern und Grubenarbeiter in den Bergwerken. Alle diese Pferde und Ponys haben sich ganztägig auf den Menschen und seine Bedürfnisse und Wünsche eingestellt und sind natürlich züchterisch auch so selektiert.

Als die Industrie dann Maschinen entwickelte, die alle Dienstleistungen des Pferdes ersetzten, entdeckte der Mensch ein neues Freizeitvergnügen – den Reitsport aus purer Freude am Pferd.

Wenn wir über den Bewegungsdrang und den Bewegungsbedarf unserer heutigen Pferde nachdenken, wurden zu diesem Zeitpunkt, vom Reiter und seinen Bedürfnissen ausgehend, wieder entscheidende, neue züchterische Akzente gesetzt. Das Sportpferd sollte höher springen und weniger schwer sein sowie langbeiniger, langliniger und größer. Das Rennpferd aller

ander richtig entspannen können. Die Fohlen sind schon zwei Stunden nach der Geburt fluchtbereit und in der Lage, neben der Herde herzulaufen. Bedenken Sie zusätzlich, daß es sich bei allen ursprünglichen Wildpferdearten um robuste Typen handelt, die eher dem Dartmooorpony gleichen oder dem Fjordpferd alten Typs. Vielleicht kennen Sie das Przewalski-Pferd als Rückzüchtung auf das ursprüngliche Wildpferd. Es ist eher kurzbeinig (Stockmaß 1,30 m - 1,40 m) mit einem kurzen starken Hals, mit viel Unterhals ausgestattet und hat einen Aalstrich. Diese Pferdchen lassen von ihrer Anatomie her Ausdauer und Härte erwarten, jedoch nicht die Sprungkraft und Schnelligkeit unseres heutigen Rennpferdes, des englischen Vollblüters.

Vielleicht assoziieren Sie mit dem Begriff Wildpferd vornehmlich den freilebenden amerikanischen Mustang. Darunter befinden sich auch nach jetzigen Wertvorstellungen sehr schöne und begabte Pferde mit viel Talent für heutige Aufgabenstellungen wie Dres-

dafür geeigneter Rassen, wie das Quarter Horse, das arabische und englische Vollblut sowie der Achal Tekkiner, sollte immer noch eher startbereit und noch schneller sein.

Die allermeisten in Europa verbreiteten Reitpferderassen stehen daher permanent unter einem enorm hohen Bewegungsdruck und Bewegungsdrang. Schnelligkeit und Startbereitschaft stehen in engem Zusammenhang mit den Anlagen der Pferde zur Fluchtbereitschaft. Das kann für den Reiter sehr unpassend und ungemütlich sein, und natürlich vermittelt das unter Adrenalinausschüttung stehende Pferd dem Reiter kein angenehmes Reitgefühl. Ein auf Bewegungskapazität gezüchtetes Pferd oder Pony verlangt daher einen sehr sorgfältig ausgebildeten Reiter und ein wesentlich besseres Körpergefühl, als wir es normalerweise vor dem Computer, im Haushalt oder sonstwo im Alltag benötigen.

Reiten lernen erfordert immer, gleichzeitig einen Ergänzungs- oder Ausgleichssport zu praktizieren. Sowohl beim Tennisspielen als auch erst recht beim Skilaufen ist mir aufgefallen, wieviel einfacher diese Sportarten zu erlernen sind als das Reiten. Das betrifft alle gebräuchlichen Sportpferdearten. Sich in den Anden oder in der Mongolei auf eine lokal heimische Pferderasse zu setzen, um sich von A nach B transportieren zu lassen, stellt reiterlich keine hohen Anforderungen. Viele Freizeitreiter haben daraus die Konsequenz gezogen und sich eine Pferderasse ausgesucht, die unter weniger Bewegungsdruck leidet, wie zum Beispiel das Fjordpferd, der Haflinger, griechische Pferderassen und andere.

Ich wünsche allen Lesern dieses Buches eine neue Einstellung zur Auswahl des passenden Pferdes. Suchen Sie sich artige, kooperationsbereite und lernwillige Pferde zum Reiten aus, solche eben, die sich gerne auf den Menschen einstellen, und nicht überdrehte Spezialisten für den Hochleistungssport. Reiten ist in gewissem Maße immer auch gefährlich – es gibt wohl kaum einen Reiter, der im Laufe seines Reiterlebens nicht ein oder mehrere Male vom Pferd fällt. Trachten Sie danach, unter dem Sattel die Verbindung zu haben zwischen dem instinktstarken Wildpferd, das Gefahren angemessen einschätzt, zwischen dem Pferd des Kutschers, des Bauern oder Grubenarbeiters, das willig bei Ihnen ist und - wenn Sie mögen - dem athletischen Sportpferd, das so viel Vermögen hat.

Wie vorher beschrieben, werden Sie Ihrem Pferd nicht gerecht, wenn Sie es ein Leben lang aufstallen oder gar anbinden. Sie berücksichtigen dabei

Das Sportpferd steht unter höherem Bewegungsdrang als das Wildpferd.
Foto: Schmelzer

Suchen Sie sich ein kooperationsbereites und williges Pferd für den Genuß am feinen Reiten. Foto: Schmelzer

nicht sein Bewegungsvermögen und seinen Bewegungsdrang. Vielmehr riskieren Sie Ihr eigenes Leben, wenn ein fast nur aufgestalltes Pferd plötzlich seinem Bewegungsdruck nachgibt. Es kann katapultartig losbuckeln und Sie (häufig aus Versehen) dabei abwerfen. Es kann sein, daß es abrupt seitwärts schreckt und scheut oder gar rückwärts springt - und Sie irgend jemandem in den Weg geraten, den Sie gar nicht gefährden wollten. Angenehm ist es auch nicht, wenn Sie die Kontrolle über die Bremsen verlieren und Ihr Pferd ohne Voranmeldung losrast und eine Ihnen recht lang vorkommende Weile einhersaust. Im glücklichsten Fall können Sie dann vielleicht gerade noch die Richtung bestimmen.

Wenn Sie der Reiter oder die Reiterin eines häufig aufgestallten Pferdes sind, werden Ihnen alle vorher beschriebenen Situationen wahrscheinlich völlig normal vorkommen. Sie haben sich zudem mit Ihren Assoziationen zum Reitgefühl darauf eingestellt. Sie unterliegen damit aber einem Irrtum. Normal ist das alles nicht! Wenn Sie Ihr überwiegend aufgestalltes Pferd in eine harmonische Weidegruppe einordnen, werden Sie es nach einer Eingewöhnungszeit von ungefähr vier Wochen in seinem Verhalten nicht mehr wiedererkennen. Ihrem Gefühl nach wird es Ihnen beim Reiten vielleicht lahm vorkommen. Mindestens jedoch sind Sie einfach nur viel gesicherter. Der wesentliche Sicherheitsaspekt beim Reiten ist nicht das Tragen einer Reitkappe, nicht der neue und unreißbare Zügel, nicht der Sicherheitssteigbügel. Die hauptsächliche Lebensversicherung geht vom sicheren, verständigen Pferd aus, das nicht unter angestautem Bewegungsdruck leidet, weil es einigermaßen artgerecht in Offenstallhaltung oder Weidehaltung mit Schutzhütte lebt. Ist es aufgestallt, könnten Sie wenigstens dafür sorgen, daß Ihr Pferd täglich mindestens eine halbe Stunde in der Bahn oder im Paddock bummeln oder sich wälzen kann. Dabei sollte das Training zusätzlich intensiv und körperorientiert sein. Dem Aspekt des Auslebens von Bewegungsdrang kommt beim Lösen des Pferdes und in der Arbeitsphase dann eine besondere, angemessene Bedeutung zu.

Es ist eine sehr traurige Entwicklung, wenn ein Pferd seinen Bewegungsdrang umkehrt in einen Bewegungsverschluß, wie ich es einmal nennen möchte. Es schlurft dann permanent einher, stolpert häufig, verhält sich arhythmisch, ist körperlich und seelisch aus dem Takt. Den einhergehenden Balanceverlust überspielt es, indem es sich geistig und körperlich fest macht. Es reagiert spät, wird faul und starrsinnig oder eher stumpf.

Hartmäulig und festgestellt im Hals und im Genick trägt es den Reiter zu Lasten seiner eigenen Gesundheit einher. Es entwickelt alle Arten von Lahmheiten und Arthrosen, Atemstörungen, Haut- und Herzfehlern. Seine Lebenserwartung ist kurz (acht bis fünfzehn Jahre) und seine Freude am Leben gering. Abgesehen von den Impulsen zum Reitgefühl, die Sie von solchen Pferden in Ihren Körper aufnehmen, nehmen Sie Schaden an Ihrer eigenen Gesundheit, wenn Sie solche Pferde täglich reiten.

Wenn Sie Berufsreiter sind, haben Sie es dann besonders schwer, da Sie trotz Überarbeitung und permanenter Kundenfreundlichkeit darauf eingestellt sein müssen, den Balanceverlust von Kundenpferden aus dem eigenen Körper abzuleiten und nicht darin aufzunehmen. Sie würden sonst bald selber Lethargie, Lahmheit sowie geistige und körperliche Festigkeit annehmen. Darum brauchen Sie eine Menge Humor, um trotzdem Ihren Beruf zu lieben.

Das Pferd im Offenstall leidet seltener unter Bewegungsdruck. Foto: Schmelzer

BEWEGUNGSGEFÜHL UNTER WAHRNEHMUNGS-STÖRUNGEN

Es kommt nur relativ selten vor, daß ein behindertes Fohlen geboren wird. Meistens sterben solche Pferdekinder schon im Mutterleib oder wenige Tage nach Geburt. Dennoch gibt es eine Menge Pferde, die eigentlich erst in die Sonderschule eingestuft werden müßten, bevor sie sich selber oder gar den Reiter zum Hauptschulabschluß hinbewegen könnten. Und es gibt sogar

Pferde, die Sie zum reiterlichen Abitur und Hochschulsportstudium der Pferdeuniversität begleiten und die dennoch - obwohl hochbegabt auf die Disziplin ausgerichtet - entwicklungsverzögert sind. Dabei handelt es sich um den großen Bereich der Wahrnehmungsstörungen: eine Behinderung und Entwicklungsverzögerung in bezug auf die Sicht der Welt. Wenn Sie bei einem wahrnehmungsgestörten Pferd oder Pony sportliche Reife und geistige Kraft in der Zusammenarbeit voraussetzen, gefährden Sie häufig die Gesundheit und Langlebigkeit dieses Pferdes. Vor allen Dingen aber setzen Sie unbewußt Ihre eigene Gesundheit und Sicherheit aufs Spiel. Ich habe aber eine gute Nachricht für Sie: Das ist überhaupt nicht nötig! In den allermeisten Fällen sind Wahrnehmungsstörungen nur verpaßte Gelegenheiten zum Lernen. Wenn Sie den Fehler am

Ein Pferd sollte seine Sinne auch beim Wassertreten schulen können.
Foto: Schmelzer

Pferd erkannt haben, aus dem heraus es unruhig und unzuverlässig ist, können Sie es oft relativ einfach dazu bringen nachzulernen und nachzureifen. Eben genau so, wie es die entsprechenden Kinder in den Sonderschulen tun können, und zwar unabhängig davon, ob sie ansonsten ganz reizend nett oder auch hochbegabt sind.

WAHRNEHMUNGS-STÖRUNGEN ERKENNEN

Verhält Ihr Pferd oder Pony sich trotz Wiederholung in bearbeitender Aufgabenstellung im Vergleich zu anderen gleichartigen Pferden immer wieder auffällig, liegt der Verdacht nahe, daß es unter einer Wahrnehmungsstörung leidet.

Manche Pferde können es zum Beispiel partout nicht leiden, wenn in dem ihnen vertrauten heimatlichen Gelände oder Hofplatz etwas umgeord-

net wird. Ein Eimer, der woanders steht, der jetzt aufgerollte Schlauch oder ein Müllcontainer, der neu angeliefert wurde, lösen aus, daß Ihr Pferd hektisch wird und unzuverlässig beim Führen oder Reiten. Sie müssen beim Führen Ihre Füße in Sicherheit bringen, damit es nicht daraufspringt. Denn zusätzlich wähnen viele wahrnehmungsgestörte Pferde auch noch den sichersten Ort vor aller Gefahr „auf dem Arm" des Führenden. Wenn Sie ein solches Pferd reiten, müssen Sie darauf achten, die Steigbügellänge und den Sattelgurt schon vor dem Aufsitzen anzupassen und festzuziehen, da Sie ständig mit einem „Hin- und Herflattern" des wahrnehmungsgestörten Pferdes rechnen sollten und Sie dann wenigstens Ihr Sattelzeug nicht im Stich läßt, weil es gut sitzt.

Wahrnehmungsgestört sind auch häufig solche Pferde, die sich ein Leben lang an jedem Sprung deutlich überspringen und ihre Sprungtechnik nicht

Heiterkeit und Freude am Sprung gehört mit zur Wahrnehmungsschulung des Pferdes. Foto: K. Wedekind

Die Berührbarkeit des Pferdes gehört in den Bereich der Wahrnehmungs- schulung. Foto: K. Wedekind

nach einiger Routine dem Sprung angemessen einteilen. Manchmal reagieren sie jedoch nur auf den zu kräftig eingesetzten Druck des Reiters auf das Hindernis zu.

Viele Pferde gelten als feige am Sprung. Sie verweigern häufig oder laufen vorbei. Abgesehen wiederum von den Reiterfehlern, die gemacht werden, handelt es sich hierbei oft um solche Tiere, deren Wahrnehmung nicht adäquat entwickelt ist. Sie wissen nicht, wie hoch oder wie breit der Sprung ist, sie haben keine Vergleichspunkte und wissen nichts über ihre eigenen Kapazitäten, Fähigkeiten und Möglichkeiten, hoch oder breit oder steil zu springen. Darunter sind viele Pferde, die von der Erbanlage und der Begabung her mehr als geeignet sind und daher häufig ursprünglich auch teuer gehandelt wurden. Alsbald landen sie beim Pferdehändler oder aber in unwissender, jedoch wohlwollender Anfängerhand, da sie ihrem Talent entsprechend nicht eingesetzt werden können und trotzdem durch ihre Ausstrahlung imponieren.

Viele Pferde rasen mit Anlauf in ihre Box hinein oder rückwärts den Pferdehänger herunter. Es kann sein, daß ihnen auch nicht klar ist, wie breit der ihnen zur Verfügung stehende Raum ist, den sie sicher für sich nutzen können, oder wie die Umgebung hinter ihnen beschaffen ist.

In den Bereich von Wahrnehmungsstörungen gehört auch eine Überempfindlichkeit oder Abgestumpftheit gegenüber Berührungen der Muskulatur oder der Haut. Das überempfindliche Pferd ist natürlich sehr unpraktisch zu handhaben beim Putzen und beim Reiten. Sie selber benötigen dabei eine hoch entwickelte Handkontrolle oder Sitzkontrolle. Das abgestumpfte und introvertiert in sich zurückgezogene Pferd bringt den fortgeschrittenen Reiter in die nicht erwünschte grobmotorische Handhabung hinein, weil es sonst nichts fühlen oder gehorchen und erhorchen kann. Der Reitanfänger lernt dabei nur, sein Pferd nicht besser zu behandeln als seinen Rodelschlitten im Winter. Bedenken Sie im Hinblick auf die Entwicklung Ihres Reitgefühls: Wenn Ihr Pferd nichts fühlt, spüren Sie auch nichts von der Hochstimmung, die ein gutes Reitgefühl auslösen kann.

Stellen Sie sich in anderen Ihnen vielleicht auch vertrauten Sportarten einen oder mehrere Partner vor, die unter Wahrnehmungsstörungen leiden. Ein Tennisgegner, der jeden Ball verschlägt, ist kein anregender Spielpartner, und ein Fußballer in Ihrem Team,

der aufs eigene Tor zielt, auch nicht. Wenn ein Tanzpartner nach Jahren der Übung die Musik immer noch verschätzt und Richtung und Rhythmus nicht findet, werden Sie mehr Freude am Tanz haben, wenn Sie den Partner wechseln. Selten genug wechselt der Reiter von einem wahrnehmungsgestörten Pferd auf ein Pferd mit einem gut entwickelten Orientierungssinn als Reitpartner. Er kennt sich in diesem Bereich oft genug nicht aus. Es fällt ihm nicht auf, daß etwas nicht stimmt. Statt dessen verschätzt er sich permanent und langjährig in den Möglichkeiten, die zwischen ihm und seinem Partner Pferd potentiell verhandelt werden könnten. Vielmehr läßt er sich andauernd körperlich und geistig reduzieren und erschrecken. Sein Körper nimmt dann über das Nervensystem die eingeschränkte Orientierung des Pferdes wahr und nicht seine Möglichkeiten. Falls auch Sie davon betroffen sind, bedenken Sie bitte: Sie verschenken einen großen Reichtum an außerordentlichen Gefühlen und Gaben, die vom Pferd an Sie abgegeben werden könnten, wenn Sie nur seine Wahrnehmung verbessern würden.

Es kommt landauf und landab häufig vor, daß ich gebeten werde, irgendein aus dem Kundenkreis oder von Freunden angebotenes Pferd zu reiten oder gar mit ihm auszureiten. Oft handelt es sich dabei um sehr wertvolle Pferde und Ponys aller Arten und Rassen. Wenn diese mir angebotenen Pferde unausbalanciert und wahrnehmungsgestört sind, macht es mir aber überhaupt keinen Spaß mehr, mitzutun. Ich habe dann ausschließlich ein Interesse an Fragestellungen und der Entwicklung von Lernwegen für diese Pferde.

*Ein gut ausge-
bildetes Pferd will
immer ein Lehr-
meister sein und
zeigen, was es kann.
Foto: Schmelzer*

Da liegt der Reiz und die Berührung mit meinen Interessen. Dagegen ist es wunderbar, ein entwickeltes, gut im Raum orientiertes Pferd zu reiten, das mir zeigen möchte, was es kann. Das ist immer eine große Freude. Ein in unserer Reitkultur in seiner Raumorientierung und Wahrnehmung hochstehendes Pferd mit einem entsprechend fein abgestimmten Ausbildungsstand will meiner Erfahrung nach immer ein Lehrmeister sein und zeigen, was es kann. Wobei jeweils vom Pferdecharakter her zu beurteilen ist, mit wem es sein „match" spielt. Wenn Sie das berücksichtigen, kommen Sie zum Eigentlichen und Wesentlichen beim Reiten: dem Reitgefühl aus einem Bewegungsgefühl, das nicht eingeschränkt ist von Wahrnehmungsstörungen und mangelnder Orientierung im Raum.

Als Reitlehrerin bin ich sehr stolz darauf, wenn meine Ponykinder im Ponyclub oder meine erwachsenen Teilnehmer in den Ausbildungskursen „Feldenkrais und Reiten" auf Beritt- und Korrekturpferden sitzen und merken: „Mit diesem Pferd stimmt etwas nicht!" Oder wenn sie sogar präzise formulieren können „Das Pferd ist zu überempfindlich, zu abgestumpft, es traut sich da nicht durch" oder „Es weiß nicht, wie hoch der Sprung ist!" Ich freue mich darüber, daß sie nicht nur Reitgefühl entwickeln, sondern auch Instinkt und Information für Körpergefühl, welches ihnen in allen Bereichen ihres Lebens auch im Schulbereich und im Berufsleben zur Verfügung steht. Welch ein schöner Nebeneffekt durch die Entwicklung der Reitkunst doch entstehen kann: Reitgefühl erfahrbar durch ein Bewegungsgefühl, das nicht von Wahrnehmungs-störungen eingeschränkt ist. Das soll-ten auch Sie sich zugestehen und vor allen Dingen hauptsächlich daran den-ken, wenn Sie Ihren in der Entwick-lung stehenden Kindern Reitkarten kaufen. Der Spaß beim Reiten sollte an erster Stelle stehen, jedoch die Ent-wicklung von Freude, die aus einem sehr guten Reitgefühl kommt, an aller-erster Stelle.

Den aus uneingeschränkter Wahr-nehmung resultierenden Bewegungs-ausdruck sowie im Gegensatz dazu die massive Reduktion im körperlichen und seelischen Bereich finden Sie im Freizeitreiterbereich genauso wie beim

Strandreiten, wie auch in den höchsten Stufen der Reitkunst. Ich erachte es für wichtig, daß Sie sich über die Auswahl von Lehrern und Instituten sowie Ihrer Literatur zum Reiten schlau machen und für sich und Ihr Pferd ein körper-orientiertes Training wählen. Erst dann kommen Sie zum Genuß beim Reiten, wenn Sie darauf hören mögen, was ein Pferd Ihnen sagen will, während es sich in seinen körperlichen und seelischen Anlagen entfalten darf.

Eine Testreihe zum Auffinden, Erspüren und Erhorchen von Wahrneh-mungsstörungen beim Pferd würde folgende unterschiedliche Aspekte berücksichtigen:

Spaß im Ponyclub. Grundlage für Freude am Reitge-fühl. Foto: K. Wedekind

Seien Sie ruhig und rücksichtsvoll, wenn Ihr Pferd die Breite eines Weges einschätzen lernt. Foto: Schmelzer

• Hat Ihr Pferd eine angemessene Höhen-Tiefenabschätzung? Zeigen Sie Ihrem Pferd dafür eine auf dem Boden ausgelegte Stange so, daß es sie mit dem Maul berühren, mit den Nüstern erschnobern darf, während es den Hals lang macht. Halten Sie diese Stange dann auf mehreren Ebe-

nen hoch. Wenn es auf allen hingehaltenen Höhen ruhig und sachlich reagiert (zum Beispiel 10 cm, 50 cm, 1 m, 1,20 m, 1,50 m) und gleichmäßig weiteratmet, will es Ihnen sagen, daß es diese Höhen alle kennt. Lernen Sie jedoch zu unterscheiden, ob es gleich darauf wegschaut, weil

Pferde wollen „Welt" haben.
Foto: Schmelzer

es sich für die hingehaltene Stange nicht mehr interessiert, oder ob es vor lauter Unbewußtheit, Verstocktheit und Angst gar nicht erst hingeschaut hat, um das Taxieren der Höhen-Tiefenabschätzung zu lernen. In dem Fall sollte es wiederholt an die verschiedenen Ebenen herangeführt werden. Praktischerweise bauen Sie diese sogar auf der Weide ein. Erst recht natürlich, wenn Ihr Pferd ausschnaubend und schnorchelnd Angst zeigt und seitwärts oder rückwärts wegspringt, wenn Sie ihm eine Stange vorlegen und dann auf mehreren Ebenen hinhalten.

Sollte Ihr Pferd sich nach mehreren Wochen des Übens immer noch sehr ängstlich und unsicher zu den unterschiedlichen Höhen hin verhalten, müssen Sie in Betracht ziehen, daß es vielleicht kurzsichtig oder fehlsichtig ist. Dann wünscht es sich von Ihnen, daß Sie mit Ihrer achtsamen Wahrnehmung beim Reiten und natürlich den entsprechend dosierten Anforderungen auf seine körperliche Eingeschränktheit eingehen.

• Der Aspekt der eingeschränkten Orientierung im Raum bezieht sich auch darauf zu wissen, wie breit ein

Durchgang ist, ein Weitsprung oder eine ausgelegte Plane. Ihr Pferd wünscht sich von Ihnen, daß Sie es absatteln oder zumindest die Steigbügel hochlegen, wenn es eine enge Passage bewältigen muß, zum Beispiel eine kleine Brücke über einen kleinen Bach. Leiten Sie es beruhigend und rücksichtsvoll an, dann öffnet es bald seine Augen und lernt auch die Breite eines Weges einzuschätzen und zu vergleichen.

- Damit ein Pferd umgebungssicher sein kann, braucht es generell eine gute Orientierung im Raum. Jedes Pferd möchte sich in seiner Welt auskennen. Und diese Welt kann nicht nur aus der Box, dem Stallgang und der Reithalle bestehen. Es gibt immer noch viele Pferde, die so leben müssen, jedoch haben sie nach einiger Zeit keine „Welt" mehr. Ebenso farblos und eintönig ist dann auch das Reitgefühl, das Ihnen zurückgegeben wird, wenn nicht gar krank oder neurotisch. Solche Pferde werden Ihnen sagen wollen: „Bitte, gib mir ein Stück Welt zurück." Grünes Gras der Weide in angenehmer Pferdegesellschaft, Bäche, Bäume, Hügel, Brücken, und auch wir Menschen in Bewegung gehören dazu.

Zwei Beispiele fallen mir dazu ein. Den Winter über steht meine ganze Pferdeherde auf dem Bauernhof, in dem mein jetziger Ponyclub beheimatet ist. Alle Pferde und Ponys können dem Bauern unmittelbar bei all seinen Arbeiten zusehen. Sie wissen, wann und wie er die Schweine füttert oder umhertreibt, sie sehen, wie das Vieh gemolken oder ausgetrieben wird und wann geerntet oder gedroschen wird. Ebenso, wann die Katzen ihr Futter kriegen und auch, wann Hühner und Enten geschlachtet werden. Sie beobachten, wenn der Miststreuer beladen wird oder der Trecker den Wasserwagen abfährt. Kurzum - das ganze alltägliche Geschehen eines bäuerlichen Betriebes ist in ihrem Blickfeld. Entsprechend weltzugewandt verhalten sie sich auch auf Ausritten und bei Veranstaltungen.

Ein Teil dieser Herde wird nun im Sommer immer umquartiert auf die andere Straßenseite an den Waldrand. Die Weide ist dort viel üppiger, aber der Einblick auf den Hof ist ihnen verwehrt, so daß sie sich alljährlich dorthin regelrecht abgeschoben fühlen. Sie stehen die meiste Zeit des Tages nörgelig am großen Gatter und versuchen, ihre Welt zurückzuerobern. Nur das grüne Gras der Weide alleine zu betrachten, ist ihnen zu langweilig.

Als zweites Beispiel für die gute Raumorientierung fällt mir eine Pferdeherde in Vermont ein. Ein mehrere Quadratkilometer großes Waldstück war als Pferdekoppel eingezäunt. Es handelte sich um einen niedrigen Mischwald mit vielen Verwurzelungen und Verästelungen am Boden und darüber. Abends wurde die Pferdeherde zur Futterzeit gerufen. Alle kamen im krachenden Galopp herangestürmt, im Slalom, um die Bäume herum sich duckend, unter niedrigen Ästen hindurch. Einen Teil dieser Pferde konnte ich danach im Reitkursus wiedersehen. Und keines hatte auch nur eine Schramme, geschweige denn Verletzungen. In ihrer Welt waren Bäume, Wurzeln und Karnickellöcher kein Handicap. Man muß einfach einmal selbst erlebt haben, was für ein herrliches Reitgefühl aus dem Bewegungsgefühl solcher Pferde entsteht, die „Welt" haben.

• Die Testreihe zur Erforschung von Wahrnehmungsstörungen berücksichtigt auch die Umgebungssicherheit eines Pferdes im Raum hinter sich. Ein Beispiel: Wenn ich mit meinen Ponys und Ponykindern ausreite, nimmt sich mein Jagdhund vor lauter Begeisterung oft einen meterlangen Ast mit. Strahlend rollt er damit die ganze Reitgruppe von hinten auf. Gewissermaßen mit einem Lächeln im Gesicht haben die Ponys sein Anrücken schon längst registriert und setzen sich fast gegen den Ast, während Tim damit im Vorbeirennen gegen ihre Hinterbeine schlägt oder sie zumindest deutlich streift. Keines geht durch oder weicht auch nur zur Seite. Alle verzeihen die unachtsame Raumaufteilung des Hundes.

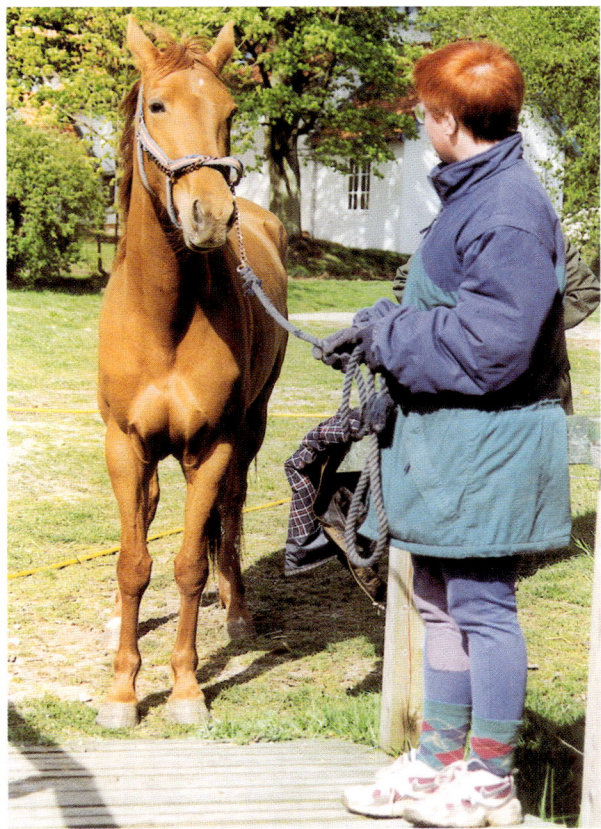

Diese junge Stute zeigt Mißtrauen gegenüber der Plankenbrücke. Nach und nach faßt sie sich ein Herz und geht darüber.   Foto: M. Mizelli

Pferde oder Ponys, die den Raum hinter sich nicht einschätzen und betrachten, obwohl sie es von der Augensichtweite her könnten, reagieren oft extrem verschreckt, wenn ihnen ein winziges Zweiglein im Schweif hängt, ein Hündchen zwischen die Hinterbeine fährt oder sie sich in der Longe oder Fahrleine verheddern. Der Schock und die Reaktionen dieser Pferde können dann Ihr Reitgefühl erheblich beeinträchtigen.

Genauso beeinträchtigend ist, wenn Ihr Pferd „zumacht" und so tut, als gäbe es eine Welt hinter ihm gar nicht. Solche Pferde treten oft beim Rückwärtsrichten schwankend und breitbeinig oder mögen verständli-

cherweise gar nicht rückwärts antreten. Durchlässigkeit jedoch kann mit einem solchen Zaudern nicht fühlbar werden.

• Wenn Sie sich beim Reiten wünschen, daß Ihr Pferd zu Ihnen „zurückkommt", sollten Sie voraussetzen, daß es eine Umgebungssicherheit für den Raum über sich hat. Ein wunderbares Beispiel für diese Fähigkeit finden Sie bei manchen Pferden, die im therapeutischen Reiten eingesetzt werden. Sie drehen buchstäblich die Augäpfel herum, um den hilflosen, meist kleinen Reiter auf ihrem Rücken genau sichern zu können. Solche Pferde sind in dieser Eignung unbezahlbar und die besten Mitarbeiter. Die Umgebungssicherheit des Pferdes über sich wissen Sie spätestens zu schätzen, wenn Sie mit ihm eine niedrige Straßenunterführung durchreiten wollen und weder das Pferd noch Sie sich den Kopf stoßen möchten.

Immer wird Ihr Reiten beeinträchtigt sein, wenn Ihr Pferd gewissermaßen unter Ihnen wegtaucht und dem Reiter über sich nicht einsichtig entgegenkommt. Erschrecken tun sich manche dieser Pferde erst, wenn Sie sich reitend die Nase putzen oder eine Jacke an- oder ausziehen wollen. Vorher schon mangelt es im Bewegungsaus-

druck an Souveränität und Erhabenheit, die Sie als gewachsenen Reifegrad voraussetzen, wenn Sie Reitgefühl spüren möchten.

Pferde möchten lernen, über sich orientiert zu sein. Sie sind sehr stolz auf sich, wenn es ihnen gelingt, sich unter einer hingehaltenen Plastikplane oder Latte durchführen zu lassen. Und offensichtlich fällt es ihnen noch schwerer, wenn sie gesattelt sind oder einen Reiter tragen. Manche Pferde drehen durch, wenn Kinder an den Gitterstäben der Boxen entlangklettern. Solche Pferde werden von einer Erhöhung aus sanft mit den Händen berührt und abgestrichen, zum Beispiel von einem Baumstumpf aus. Beim jungen Pferd können sich nach und nach zwei Menschen rechts und links auf mehrere Strohballen stellen und dadurch über dem Pferd beruhigend und informierend einwirken, ohne schon darauf einzusitzen. An der ausgeglichenen, zufriedenen oder beunruhigten Reaktion des Pferdes erkennen Sie dann, ob es schon Umgebungssicherheit im Raum über sich hat. Und bevor Sie Ihr Pferd oder Pony besteigen, wünscht es sich, daß Sie mit ihm klären, ob es in den Himmel und in Ihr Gesicht über sich auch schauen kann, ohne sich in Gefahr zu wähnen. Davon profitiert sein Bewegungsausdruck und dadurch wieder Ihr Reitgefühl.

BEWEGUNGS-AUSDRUCK IN EINZELNEN KÖRPERTEILEN

Wenn Sie Bewegungsausdruck und Bewegungsgefühl für sich interpretieren wollen, können Sie die Haltung des Pferdes in einzelnen Körperteilen beobachten. Ohne daß Sie also darauf sitzen und reiterlich einwirken, können Sie einen Eindruck bekommen, wie das jeweilige Pferd sich wohl unter dem Sattel anfühlen würde und in welcher Stimmung es ist.

DER SCHWEIF

In einer typischen Bewegung schlägt das Pferd mit dem Schweif hin und her. Es kann dieses sachte und gezielt tun, sehr heftig und gezielt oder aber sanfter und engagierter, jedoch ungezielt. Jede Fliege am Körper und besonders Kriebelmücken und Pferdebremsen vertreibt es mit den Schlägen des Schweifes. Ein dichter Behang an Mähne und Schweif hilft ihm dabei. Wenn das Pferd durch die Schenkeleinwirkung des Reiters unangenehm berührt ist oder darauf überempfindlich reagiert, schlägt es in derselben Art mit dem Schweif. In jedem Fall ist das Pferd dann in seiner Konzentration abgelenkt und auf eine unangenehme

Empfindung eingestellt. Sie können dann nur noch friedfertig und intelligent reagieren, indem Sie den Sitz öffnen, also weniger Druck mit Schenkel und Kreuz geben und in der Zügelhand leichter werden. Sie können ein interessanteres oder leichteres Thema vorgeben. Wechseln Sie die Aufgabenstellung, um das Pferd neu auf sich einzustellen und seine Aufmerksamkeit wiederzugewinnen.

Manche Pferde setzen ihren Schweif mit einem kräftigen gezielten Schlag ein, um Sie darauf hinzuweisen, daß Sie es am Bauch kitzeln, während Sie gerade seinen Huf aufhalten oder seine Zitzen betrachten oder säubern. Es ist ihm dann zu langweilig und unangenehm, wie Sie an ihm herumhantieren. Ein drastischer „Wisch" mit dem Schweif über Ihr Gesicht soll Sie dann ermahnen, sich zu beeilen.

Ein Zucken oder Wedeln mit dem Schweif setzen Pferde auch ein, wenn sie andere Pferde abweisen wollen. Es handelt sich um Vorbotschaften des Ausschlagens, die Sie insbesondere bei Stuten rechtzeitig bemerken und ernst nehmen sollten. Wenn ein freies Pferd die Chance hat, wird es die Drohung berücksichtigen. Wenn Sie an ein solchermaßen mit dem Schweifzucken warnendes Pferd zu dicht heranreiten, riskieren Sie ein Ausschlagen mit den Hinterhufen, welches häufig den Reiter am Schienbein trifft. Wenn Sie jedoch die Bewegung des Schweifes vor sich berücksichtigen, haben Sie die Pferdesprache verstanden: „Halte Abstand!"

Wenn der Schweif beim Reiten gleichmäßig hin- und herpendelt, ist das ein erwünschtes Zeichen für gutes Gleichgewicht und entspannte Rücken-

Ein pendelnder Schweif ist ein gutes Zeichen für Gleichgewicht. Foto: P. Prohn

tätigkeit beim Pferd. Sie können die Bereitschaft des Pferdes dazu unterstützen, wenn Sie Schweifarbeit machen. Beobachten Sie Ihr Pferd achtsam und aufmerksam, während Sie mit einem Handgriff den obersten Teil der Schweifrübe etwas anheben und wölben. Mit der anderen Hand können Sie die Schweifrübe dann in einen Bogen bringen. Heben und senken, strecken und beugen Sie die Schweifrübe dann - immer im Kontakt mit dem Pferd.

Zum Schluß können Sie in beide Richtungen kreisende Bewegungen machen. Ziehen Sie dann sachte sieben bis acht Sekunden die Schweifrübe länger und lassen Sie genau soviel Zeit, damit sie in die normale Ausdehnung zurückkommen kann. So haben Sie mit intelligenter Körperanwendung dem Pferd über seine 18 bis 21 Schweifwirbel gezeigt, wie sich ein Pendeln anfühlen kann. Diese Methode hilft meistens sehr gut, jedoch nicht, wenn das Pferd in seinem Schweif ohne besondere Enervierung zur restlichen Wirbelsäule steht. Wenn das Pferd sich in der Schweifrübe lose und schlackerig anfühlt, ist die Aussagekraft aus dem Schweifpendeln über die Losgelassenheit des Pferdes nicht zuverlässig. Das Ziel der Schweifgymnastik bei einem solchen Pferd wäre dann die Erhöhung der Körperspannung im Schweif und die Rückkoppelung an die Gefühle in der restlichen Wirbelsäule.

Ganz und gar nicht anstreben sollten Sie, ein Pferd zu reiten, das mit dem Schweif klemmt, oder es vielmehr beim Reiten so zu forcieren, daß es durch Sie veranlaßt wird, „klemmig" und verhalten zu gehen. Der eingezogene Schweif ist ein Zeichen von Angst, genau wie bei Hund und Katze der eingeklemmte Schwanz ein Zeichen von Furchtsamkeit ist. Ein Pferd mit eingeklemmtem Schweif läuft hölzern oder gebunden und findet nicht zu seinem natürlichen Raumgriff und Gangmaß. Vom Reitgefühl her gesehen gilt: Genausowenig wie es Spaß macht, mit jemandem, der Angst hat, wandern oder schwimmen zu gehen oder zu tauchen oder ein Flugzeug zu besteigen - genauso wenig sollte Ihnen eigentlich daran liegen, auf einem

Pferd zu reiten, das Angst hat. Stellen Sie daher keine zu hohen Anforderungen, bis sich Ihr Pferd auf Sie eingerichtet hat.

Wenn Pferde ihren Schweif wie eine Fahne in den Wind halten und dabei die Schweifrübe hoch und schief tragen, ist das genauso unangenehm, hat aber einen völlig anderen Grund. Das kann ein Zeichen der Ankündigung von aufkommender Gefahr sein und genauso ein Zeichen von zu großem Bewegungsdruck und überschäumender Freude. Manche arabische Pferde sind nach diesem Merkmal selektiert, weil viele Liebhaber diesen Ausdruck von Lebensfreude chic finden. In diesem Fall messe ich diesem Merkmal zum Bewegungsgefühl keine allzu große Bedeutung zu. In den meisten Fällen ist es jedoch spannend, auf einem Pferd zu sitzen, das seinen Schweif hochwirbelt. Seine Aufmerksamkeit ist nicht bei Ihnen, sein Körper ist spaß- und fluchtorientiert und daher aufgeladen und fest.

Ein hoch gehaltener Schweif ist häufig ein Selektionsmerkmal des arabischen Pferdes.
Foto: P. Prohn

Entlastende Sitz-arten lockern den Rücken des Pferdes.
Foto: Schmelzer

Ein Warnsignal sollte für Sie sein, wenn Ihr Pferd seinen Schweif beim Reiten etwas schief hält. Hierbei handelt es sich um ein Zeichen von Schwäche oder Überforderung im Rücken. Wenn Sie im Training darauf achtsam Rücksicht nehmen, ist dieser Fehler häufig behebbar. Wenn Sie dieses Zeichen ignorieren, reiten Sie sich nach kürzester Zeit fest, das heißt Ihr Pferd kann keinen Lernfortschritt und keine Leistungssteigerung mehr annehmen. Wenn Ihr Pferd mit Ihnen sprechen könnte, würde es sich Unterstützung wünschen für den Aufbau seiner Kraft. Die reiterlichen Mittel dazu sind die entlastenden Sitzarten, das Reiten in mehr Dehnung und auf längeren Linien. In der Vorbereitung zum Reiten wünscht sich Ihr Pferd eine behutsame, nicht zu lang ausgedehnte, intel-ligente Longenarbeit oder die Balance-arbeit vom Boden aus. Es wünscht sich den Faktor Zeit in Ihrem Training und ein Gefühl für Intervalle. Das hieße somit den Wechsel zwischen Aufga-benstellungen und Pausen zu dosieren, sowohl innerhalb einer Reitstunde als auch über mehrere Monate einer Trai-ningsphase.

DER HALS

Um Ihr Pferd oder Pony in seiner Spra-che zu verstehen, können Sie auch seine Halsbewegungen beobachten. Wahr-scheinlich wird Ihnen die Fluchthal-tung des Pferdes ein vertrauter Anblick sein. Es hält seinen Hals kurz und steil hoch, wenn Gefahr droht, mit einem sehr hohen und festgestellten Genick.

Der Hals des Pferdes hat eine balancierende Funktion zur Reiteignung.
Foto: Schmelzer

Die Anatomie der stark verkürzten und hochaufgerichteten Vorderpartie ermöglicht den impulsiven und abrupt schnellen Start zum Sprint, der für die Flucht vor dem Feind benötigt wird. Ein Nachdenken ist in dieser Haltung erschwert, da die Blutzufuhr zum Gehirn eingeschränkt ist und das Nervensystem verengt wird. Das Pferd stellt sich in allen Energien nur auf die Flucht ein. Manche im Blick auf das Pferd ungeübte Menschen interpretieren diese Haltung häufig als temperamentvoll oder feurig und kaufen sich entsprechende Pferde, die sich angewöhnt haben, überwiegend in der Fluchthaltung zu gehen.

Der stolz aufgerichtete, oft auch kurze Bogen, den insbesondere manche Hengste im Hals haben, sieht anders aus. Hier hat Wirbel für Wirbel im Hals noch genügend Raum, so daß der Hals linig in einem runden Bogen gehalten werden kann. Es handelt sich um die Imponierhaltung eines stolzen Pferdes. Wenn Hengste werben oder die Herde bewachen, nehmen sie diese Haltung ein. Der fortgeschrittene Sportreiter freut sich an einem Pferd in solcher Haltung, da es meistens auch sehr freigeistig ist.

Der reiterliche Ausgleich der kurz gerahmten stolzen Hengsthaltung, eher im Ausdruck eines Schwanenhalses, ist - trotz der beeindruckenden Ausstrahlung, die durch diese Haltung vermittelt wird - ein Reiten in Dehnung. Reiten in der Dehnungshaltung erfordert einen längeren Zügel des Reiters und einen nicht übermäßig tonisierten Sitz in der Grundhaltung oder im Dressursitz. Wenn Sie sich in den

Entlastungssitz, den sogenannten leichten Sitz oder den Springsitz begeben und mit der Hand leicht und öffnungsbereit bleiben, unterstützen Sie den Dehnungsprozeß des Pferdes und seine Einstellung dazu.

Bei den Bewertungen der Zuchtpferde durch Körkommissionen wird viel Wert darauf gelegt, daß das Reitpferd und das zur Zucht zugelassene Tier einen gut angesetzten und genügend langen Hals hat.

Für die Reiteignung in schwingender, langliniger Bewegung hat der freie Hals eine balancierende Funktion, die den Pferdezüchtern bekannt und bewußt ist.

Leider wird der Reiter im Reitunterricht oft langjährig angehalten, mit zu kurz aufgenommenen Zügeln und mit zu harter Handeinwirkung zu reiten. Weil dieser hohe Druck auf den Zügel, die Halswirbelsäule und das Genick des Pferdes seinem eigenen Bedürfnis nach Sicherheit zuarbeitet, stellt der Reiter allgemein diese anatomisch unsinnige und falsche Reitweise nicht in Frage. Er hat seinen Haltereflex nicht überwunden, sonst würde er beim Reiten eine bessere Grundbalance anstreben. Für Reiter und Pferd kann es leichter sein, in die richtige Dehnungshaltung zu finden, wenn der Reiter seine Fingernägel beziehungsweise seine leicht geöffnete Reiterhand rechts und links auf die hohe Schulter des Pferdes bzw. seinen Widerrist anlegt. Er öffnet dadurch seinen eigenen Körper im Bereich der Schulterblätter, und das Pferd holt sich im Bewegungsablauf gewissermaßen an sich selber ab, da es nicht daran gehindert wird, bei jedem Schritt in die Bewegung hineinzurücken.

Leider sieht man sowohl im Dressursport als auch im Springsport also häufig Pferde, die vom Reiter in eine Haltung gebracht werden, welche der Fluchthaltung ähnelt. Die geistige Haltung dieser Pferde ist dann auch

Das Durchreiten vom Labyrinth macht Pferd und Reiter ruhig und konzentriert.
Foto: Breuer

stürmisch und unkonzentriert, gegen die Reiterhand gehend. Der Bewegungsablauf solcher Pferde wird langjährig reduziert auf ein abruptes Stakkato, wodurch sie in ihrer Gesundheit erheblich beeinträchtigt werden. Die Muskulatur arbeitet dann zu verkrampft und insgesamt kommt das Pferd dauerhaft zu hart auf den Boden auf. In der Folge leidet es unter Arthrosen oder Herz- und Atembeschwerden. Und wieder für Ihre eigene Gesundheit und Lebensfreude gedacht: War so das Reitgefühl gemeint, das Sie langjährig in Ihren Körper aufnehmen wollten?

In meiner Kindheit gab es im Fernsehen eine Serie mit „Mister Ed", dem sprechenden Pferd, das beim Neinsagen Kopf und Hals schüttelte. Diesen Zirkustrick gibt es heute auch noch. Probieren Sie es aus: Irritieren Sie Ihr Pferd mit dem Zeigefinger in einem Ohr und geben Sie ihm dann eine Belohnung, wenn es den Kopf und Hals schüttelt. Es wird dieses bald gerne tun, wenn Sie nur die Hand heben. Davor können Sie dann eine Frage formulieren, die es verneinen soll. Und schon haben Sie die Lacher auf Ihrer Seite. In Wirklichkeit intoniert ein Pferd mit dem Schlackern des Halses kein „Nein"! Vielmehr bereitet es häufig ein ordentlich kräftiges Ausschütteln im ganzen Körper vor. Dabei werden Sie dann ordentlich durchgerüttelt, ohne daß Sie in ihrer Stabilität gefährdet wären. Übrigens lieben es die Pferde, wenn sie sich ab und zu beim Reiten ausschlenkern, ausrütteln oder ausschütteln. Sie vermeiden beide damit Festigkeit und Starre.

Ein leichtes Schlenkern im Hals kann auch die Vorbereitung sein für den Ausbruch in gewaltige, verspannte Bocksprünge. Zumindest deutet es die Lust und Bereitschaft dazu an. Wenn Sie also auf Rodeoreiten nicht eingestellt sind, sollten Sie Ihr Pferd im Trab rhythmisch und energisch vorwärtsreiten und nach einer Weile frisch voran galoppieren. Geben Sie in diesem Fall den Zügel nicht vollständig hin. Wenn Sie den Hals des Pferdes jedoch zu kurz einstellen, lösen Sie das Problem nicht auf. Genausowenig, wenn Sie anhalten oder absteigen. Das Pferd bringt dieselbe aufgeladene Spannung am nächsten Tag wieder mit in die Bahn hinein. Ihre Arbeit an der Freilonge sollte an der acht bis zehn Meter langen Longe nicht hektisch, jedoch frisch vorwärts in großen Linien und im Geradeaus angelegt sein.

Wenn Ihr Pferd den Hals sehr lang macht bis tief über den Boden und mit Maul und Nüstern herumschnobert, dann untersucht es neugierig etwas, um es einzuordnen oder - falls freßbar - aufzunehmen. Provozieren Sie diese Haltung ab und zu beim Reiten in allen Grundgangarten. Sie haben dabei einen hervorragenden Balancetest Ihres Pferdes unter dem Sattel. Ihr Zügel muß dabei extrem lang zugeschnitten und an der Schnalle gehalten sein. Zusätzlich dürfen Sie mit der Hand nicht rückwärts einwirken. Das rhythmische Pendeln des Pferdes in extremer Oberliniendehnung wirkt meditativ beruhigend und meist lösend. Mit Sattelzeug und Reitergewicht will diese Haltung erst wiedererlernt werden, die auch in der Natur im Schritt und Trab vorkommt.

Wenn Ihr Pferd beim Reiten mit dem Kopf nach rechts und links pendelt, liegt ein Reiterfehler vor. Der

*Das Pferd untersucht seine Umgebung neugierig.
Foto: P. Prohn*

Reiter zieht mit dem sogenannten „Riegeln" der Hände den Kopf des Pferdes aus der Bewegungsrichtung heraus. Das ist anatomisch falsch. Jedoch kann ein dermaßen eingerichtetes Pferd sich diesen Fehler kaum mehr abgewöhnen. Richtig ist, wenn das Pferd bei einem Bewegungsfluß von hinten nach vorne eher in eine nickende Bewegung rundet.

Ein kopfschlagendes Pferd zeigt Müdigkeit und Überforderung an. Wenn der Reiter keine Pausen einlegt, wird es bald in Widersetzlichkeit münden. Oft ist die Halsmuskulatur des kopfschlagenden Pferdes verfestigt und erstarrt. Nach einer Weile hat es dann schlicht dauerhaft einen steifen Hals und Nackenbereich, den es wie ein Brett vor sich herträgt. Wenn Sie es erst soweit kommen lassen, haben Sie in bezug auf Ihre Einstellung und den Gewinn von Reitgefühl verloren. Ohne Losgelassenheit im balancierten Hals kann das Pferd nicht schwingen.

DIE BEINE

Das Pferd äußert sich auch über Beinbewegungen. Wenn es mit einem Vorderhuf scharrt, drückt es damit seine Langeweile oder Ungeduld aus. Leider nutzt es dabei seinen unbeschlagenen Huf einseitig vermehrt ab. Pferde, die in der Futterzeit häufig scharren, stehen in einer extrem nervösen Grundspannung. Wenn Pferde spielen, wirbeln sie oft die zwei Vorderbeine nacheinander durch die Luft. Hengste und sehr männliche Wallache schlagen öfter mit dem Vorderbein zu als wütende Stuten, wenn sie ihren Unmut und ihre Ungeduld ausdrücken. Halten Sie sich also in Ihrer Position etwas seitlich zum Pferd, wenn Sie dem Tierarzt zur Hand gehen oder anderweitig das Pferd stören und beunruhigen müssen, während Sie es dabei festhalten.

Wenn Pferde einen sehr erhabenen, langsamen Trab mit hoher Knieaktion zeigen, wollen sie drohen, imponieren oder um eine Stute werben. Manchmal ist es auch nur ein Zeichen von Frische, aufgestautem Bewegungsdrang oder Stallmut. Dieser Bewegungsablauf sieht sehr schön aus und der Ausbilder versucht, diese Fähigkeiten umzusetzen in der Passage und im versammelten Trab, in der Piaffe und wechselseitig auch im Spanischen Schritt.

Wenn das Pferd mit einem Hinterbein winkt, äußert es sich drohend. Wenn es dabei unter den Bauch schlägt, kann es sowohl Fliegen und Mücken abwehren als auch versuchen, eine Unbequemlichkeit oder ein Jucken (zum Beispiel durch den Sattelgurt verursacht) loszuwerden. Beim Satteln eines jungen oder sehr berührungsempfindlichen Pferdes soll-

Dieses Pferd wehrt
das Fohlen mit dem
Hinterbein „win-
kend" ab.
Foto: P. Prohn

ten Sie darauf achten, Ihren Kopf nicht in die Reichweite des Hinterhufes zu halten. Wenn Ihr Pferd mit einem Hinterbein nach hinten herauswinkt, droht es ein Ausschlagen an. Es kann jedoch auch ein Zeichen von Lampenfieber oder nervöser Spannung sein, etwa bei Rennpferden vor dem Start. Wenn Pferde mit beiden Hinterbeinen ausschlagen wollen, klemmen sie den Schweif und ziehen das ganze Hinterteil ein. Dann sollten Sie sich schnell in Sicherheit bringen und es erfahrenen Pferdeleuten überlassen, das zum Ausschlagen bereite Pferd voranzutreiben. Eine ebenso gefährliche Situation entsteht, wenn sich zwei Pferde Nüstern an Nüstern gegenüberstehen, um sich auszuhorchen oder kennenzulernen. Sie machen sich groß und größer - plötzlich wirbeln sie ein Vorderbein durch die Luft, stampfen dann auf den Boden auf oder schlagen gezielt nach vorne zu.

Mit den Beinen zeigen Pferde auch an, ob sie Schmerzen haben oder krank

sind. Während sie sich um sich selber drehen, machen sie sich eher klein, scharren den Boden auf, treten sich mit den Hinterbeinen gegen den Bauch oder stampfen mit einem Hinterfuß wiederholt auf. Im Unterschied zu dem ähnlichen Verhalten bei einem Aus-

Dieses Pferd hat
einen matten und
erschöpften
Gesichtsausdruck.
Foto: Kröncke

Ohne Sattel zeigt das Pferd Ihnen an, ob sein Rücken trägt.
Foto: K. Wedekind

druck von Ärger hat das Pferd dabei dann einen matten, erschöpften Gesichts- und Augenausdruck, eingezogene Seiten und fängt an zu schwitzen. Decken Sie es ein, messen Sie Fieber und benachrichtigen Sie den Tierarzt.

DER RÜCKEN UND DIE WIRBELSÄULE

Die längste Gesunderhaltung und die besten Gefühle beim Reiten bekommen Sie, wenn Ihr Pferd über den Rücken laufen lernt, obwohl es Sattelzeug und Reitergewicht trägt. Die Wirbelsäule des Pferdes sollte sich zum

Reiter hin in natürlicher Verlaufsform und dennoch gleichwohl aufwölbend verhalten. Dabei ist eine Berücksichtigung der Rechts-Linksseitigkeit und ein Gleichmaß im Selbstgebrauch außerordentlich wichtig für ein balanciertes Ergebnis. Die Bewegungsfreiheit der Wirbelsäule ist störanfällig: Das eingeengte oder belastete Seelenleben und Schwierigkeiten im restlichen Bewegungsapparat, zum Beispiel festgehaltene Rippenpartien oder Schmerzen in Hufen oder Gelenken, können negative Auswirkungen haben. Darüber wird der Eindruck, ob das Pferd in seiner Wirbelsäule tragfähig und belastbar einen Bewegungsablauf durchfedern kann, unmittelbar verfälscht.

In jedem Fall ist es wesentlich für die Entwicklung eines guten Trainingsaufbaus sowie eines guten Reitgefühls, das blanke Pferd im (Ver)Halten seiner Wirbelsäule zu betrachten und zu kennen. Gemeint ist die Beobachtung der Aufgabenverteilung im Rücken, während das Pferd auf der Weide läuft, im Stall oder am Anbindeplatz steht, wenn Sie es in der Reithalle laufen lassen oder freilongieren. Mit einiger Übung entwickeln Sie daraus dann die Einschätzung, ob das Pferd einen ausgereiften Entwicklungsstand, die Tragfähigkeit und ein Balancegefühl hat, um an Sie gewissermaßen dringlich eine Einladung austeilen zu können: „Bitte, reite mich! Es ist sonst alles so langweilig hier."

Kritisch sollten Sie sich die Belastbarkeit des Reitpferdes im Rücken am zweiten und dritten Tag nach dem Antrainieren anschauen. Vielleicht hat das Pferd durch Ihre Arbeitsvorgaben einen Muskelkater aufgebaut, es ist allgemein müde, beispielsweise durch die Umstellung auf einen Kursort, oder die Hufe und Beine tun ihm weh. Bei genauem Hinsehen zeigt es sich dann leicht katzenbuckelig und auch klemmig. Häufig lassen sich überarbeitete Pferde auf der Weide nicht gerne einfangen oder sind unwillig beim Satteln. Wenn Sie die Überlastung im Körper des Pferdes nicht ignorieren, entstehen Ihnen im weiteren Trainingsverlauf und für die Gesunderhaltung Ihres Pferdes keine Probleme. Und nur aus dem ausgearbeiteten, jedoch nicht überarbeiteten Pferd ernten Sie den Gewinn für ein erfreuliches Reitgefühl.

Und die höchste Stufe der Lust an der Reitkunst erklimmen Sie, wenn es Ihnen gelingt, das Pferd beim Reiten im Rücken zu unterstützen. Auf diese

Widmen Sie sich dem Rücken des Pferdes aufmerksam mit Beobachtung und Berührung.
Foto: M. Mizetti

*Das weidegewohnte
Pferd springt,
rennt, bockt und
steigt mit Maß. Es
verletzt und über-
fordert sich alleine
nicht.
Foto: Schmelzer*

Weise entsteht eine Bewegungsbrücke, die Sie elastisch federnd trägt. So können Sie sich zu Pferde gut fühlen und schonen beziehungsweise unterstützen sogar Ihre eigene Wirbelsäule.

Wenn Sie sich darum bemühen, ist es auch für Sie als Freizeitreiter überschaubar und recht einfach, die Beurteilung des Pferdes über seinen Rücken zu lernen.

Das Verhalten des Pferdes in seinem Rücken unterhalb von Sattel und Satteldecke ist jedoch oft belastet und verquer und daher Profisache. Jeder fortgeschrittene Reiter, der viel Zeit auf dem Pferderücken verbringt, sollte sich - mit dem inneren Auge – darauf eingucken, wie das Pferd den Bewegungs-

ablauf unter dem Sattel regelt. Für das Pferd im athletischen Einsatz leitet sich aus der Freiheit im Rücken die Entscheidung ab, wann man aufsitzen sollte und wann besser nicht.

Danach kommt die Beurteilung der Rückentätigkeit des Pferdes mit dem Reitergewicht und unter freiheitlicher oder sportlicher Belastung. Lassen Sie sich unter gesicherten Bedingungen mit geschlossenen Augen auf den Bewegungsablauf des Pferdes ein. Wie werden Sie rechts- und linksseitig getragen und wie und wohin werden Sie bewegt? Wie weich können Sie in Ihrem eigenen Körper die Schwingungen der Wirbelsäule spüren? Wann und wodurch werden die weichen

Bewegungen gestört? In welche Abstufungen können Sie die Qualität der guten und auch der nicht funktionierenden Federung aus der Wirbelsäule des Pferdes einteilen? Je mehr Sie sich einfühlen und auskennen, desto größer ist Ihr Schatz an Wissen und Intuition, auch geltend für die Gesetzmäßigkeiten in der eigenen Anatomie. Ihr Anspruch an gute Bewegung wächst und damit auch die Pflege und „Wartung" Ihrer eigenen Wirbelsäule sowie der des Pferdes.

Welche Haltung im Rücken des Pferdes ist reiterlich akzeptabel und normal? Stellen Sie sich dafür das Pferd nicht statisch vor, wie etwa ein Holzpferd, sondern in der Dynamik von Bewegung. Durch die Wirbelsäule läuft dann eine Kettenverbindung der Wirbel in ihrer Gallertmasse in der Balance von hinten nach vorne und von vorne nach hinten. Die Wirbelsäule hat ebenfalls die Fähigkeit zur Rotation, sowohl in der Dehnung als auch in der Engstellung der Wirbel. Für alle Biegungen gilt die harmonische Entwicklung eines Zusammenspiels der inneren und äußeren Kräfte in Wechselwirkung. Alle Kräfte und Richtungen sind gegenläufig und aufeinander zu möglich.

Wenn das Pferd in harmonischer Offenstall- oder Weidehaltung lebt, ist es normalerweise elastisch genug für alle Anforderungen, die es an sich selber stellt. Es springt und bockt und rennt also mit Maßen. Wenn es das Bedürfnis hat, sich freitoben zu müssen, geschieht dieses nach Absprache der Pferde untereinander und allmählich steigend. Es ist wirklich selten, daß ein Pferd sich auf der Weide selbst verletzt, wenn es in einer festen Gruppe in Harmonie lebt.

Anders sieht es mit dem sogenannten Stallmut aus. Pferde unter Bewegungsdruck verreißen sich bei einem plötzlichen Angebot von Freiheit und Weite buchstäblich die Glieder. Sie verspringen sich. Für die Wirbelsäule kann dadurch Verkeilung oder übertriebene Verdrehung entstehen. Diese Bewegungsabläufe sind ungesund, somit nicht normal und halten der Belastung durch das Reitergewicht erst recht nicht stand.

Halten wir also fest:
Es sind für die Wirbelsäule alle Bewegungsrichtungen möglich - jedoch sollten einzelne Wirbel nicht klemmen oder überdrehen. Ideal und daher reiterlich anzustreben ist eine Annäherung an eine genauere Symmetrie im Bewegungsablauf. Dieses Zusammenspiel der rechten und linken Körperhälfte und der rechten und linken Gehirnhälfte ist rückenschonend. Ebenso die Ausrichtung aller Kräfte von Pferd und Reiter in die gewünschte Aufgabe und Richtung. Das ist ökonomisch im Hinblick auf Verschleiß und physikalisch sinnvoll. Oft hat der Reiter wenig Zugang zur eigenen Symmetrie und denkt daher vorbereitend nicht genügend nach. Ordnen Sie sich vor einer Aufgabenstellung. Die Zügellänge sollte gleich sein, und auch das Gewicht auf den Sitzbeinen und den Steigbügeln sollte beim Geradeausreiten gleichmäßig verteilt sein. Unterstützen Sie Ihr Pferd in seinem Bestreben, sich unter Ihrem Sitz zu ordnen. Es möchte beispielsweise „spuren", mit dem rechten Hinterfuß in die Trittlinie des rechten Vorderhufes treten und mit dem linken Hinterhuf in die Trittlinie des linken Vorderhufes.

Für eine freie Rückentätigkeit braucht es zudem einen schmerzfreien Gesundheitszustand in einem Klima von Heiterkeit und Losgelassenheit. Es braucht genügend Platz im Hals vor dem Körper und eine entspannte Schweifrübe in Verlängerung der Wirbelsäule.

Jedes Pferd braucht in den ersten Jahren ein persönliches Arbeitstempo (oder mehrere Tempi), in dem es sich einrichten und entfalten kann. Es braucht einen Reiter in der Bewußtheit seiner eigenen Stauchungen und Starrheit mit dem Bestreben, diese aufzulösen.

Ein Handicap für mangelnde Entfaltung in erstarkender Rückentätigkeit kann immer auch der häufig wirklich überhaupt nicht passende Sattel sein. Und denken Sie immer wieder nach über einen abwechslungsreichen Trainingsalltag und angemessene Dosierung der Arbeitseinheit.

Unsere Pferde sind längst nicht so schwach, wie die Tiermedizin uns manchmal glauben läßt, wenn wir - besonders für den Rücken - die Naturgesetze der Bewegung berücksichtigen und die Behinderung von Bewegungsentfaltung vermeiden. Damit meine ich nicht, daß Sie keine Dressur reiten sollten oder kein Springen. Beide Disziplinen dienen der Unterstützung der Pferde im Rücken. Es geht bei der Beobachtung und der Handhabung der Rückentätigkeit des Pferdes um Ihre innere Ausrichtung von Geschmeidigkeit, Weichheit und Elastizität im Aneinanderfügen einzelner Bewegungskomponenten und um den Durchfluß der eingeleiteten Bewegung durch die Wirbelsäule. Sie und Ihr Pferd können im wahrsten Sinne des Wortes zusammenrücken.

Sie brauchen nicht die Zusammenarbeit mit dem ansonsten guten Pferd zu verneinen, wenn der Rücken etwas tief und weich ist. Für das Ergebnis im Reitgefühl besteht ein großer Unterschied zwischen dem tiefen und weichen Rücken und dem angespannten, kurzgezogenen Rücken, den das Pferd in der Fluchthaltung einnimmt. Die Fehlspannung und Festigkeit des Pferdes in Angst und Unsicherheit ist reiterlich unbedingt zu vermeiden!

Weiterhin gibt es sehr begabte Pferde, besonders im Springen, deren Rücken etwas hochgezogen ist, etwa wie ein „Karpfenrücken". Über wiederholte Beobachtung solcher Pferde können Sie Ihr Auge schulen und sie unterscheiden von den Pferden, deren Wirbel schmerzhaft und verspannt ungeordnet verschoben sind. Über seinen Rücken würde Ihr Pferd Ihnen gerne sagen: „Ich bin dort viel stärker als Du denkst! Wenn Du mich jedoch permanent und dauerhaft schwächst über schlechte Haltung oder unbewußtes Reiten, merke ich bald auch im Rücken meinen Verschleiß!"

DER BEWEGUNGS-AUSDRUCK IM SCHRITT

In den Nuancierungen der Grundgangarten kann man nicht nur den Gesundheitszustand des Pferdes interpretieren lernen, sondern ebenso seine Gemütsverfassung. Der kritisch anspruchsvolle und geübte Reiter unterscheidet dann noch die Auswirkungen von Reiterfehlern.

Ein positiv gestimmtes, munteres und heiteres Pferd hat einen energischen, raumgreifenden Schritt. Dieser wird normalerweise rhythmisch sein, es sei denn der Führende oder die Reiterhand unterbinden oder verhindern den Bewegungsfluß und den Takt der Bewegung. Bitte achten Sie darauf, beim Führen und beim Reiten den Rhythmus und Raumgriff des Pferdes nicht wegzubinden, weder mit den Hilfszügeln, noch mit der Handeinwirkung. Sie nehmen dem Pferd dabei nicht nur seinen geregelten Gang, sondern auch seine optimistische Stimmung. Wenn Sie das Pferd auf die von Ihnen gewünschte Trittlänge einstimmen wollen, können Sie ihm an der Hand beibringen, sich zurückzunehmen und zu versammeln. Vielleicht wechselt sein Ausdruck daraufhin zu guter Spannung und Konzentration -

Nehmen Sie beim Reiten im Schritt Ihrem Pferd nicht den Bewegungsfluß und den Takt der Bewegung.
Foto: Schmelzer

Das Reiten durch Wasser ist eine gute Balanceschule sowie eine Mutprobe für das Herz.
Foto: M. Mizelli

tig sein. Vielleicht sind Sie im fortschreitenden Trainingsaufbau zu zügig vorgegangen. Manche Pferde brauchen für ihr Wachstum bis zum zehnten Lebensjahr, bevor sie sich einrichten können auf die Aufgabenstellung, die ihrer Begabung entspricht. Andere sind in der Hufpflege vernachlässigt und laufen auf zwei ungleich hoch gewachsenen Hufen. Stellen Sie sich bitte vor, daß Sie Ihr Tagwerk verrichten, während Sie an einem Fuß eine Plateausohle und an dem anderen Jesuslatschen anhaben. Manche Pferde sind es nicht gewöhnt, auf verschiedenen, wechselnden Böden zu arbeiten. Trainieren Sie bitte an der Hand, an der Longe und beim Reiten sowohl auf Asphalt als auch auf Sand und Kies, auf Gras und auch besonders auf ebenen und unebenen Böden im Wechsel. Eine besonders gute Schulung für das Gleichgewicht zusätzlich ist das Reiten bergauf und bergab, auch bei minimalem Gefälle in dressurmäßiger Arbeit. Das Reiten durch Wasser ist eine enorm gute Balanceschule sowie eine Mutprobe fürs Herz. Es ist Balsam für die Befeuchtung der Hufe und die Abkühlung der Sehnen und Gelenke.

Alle Warnlampen sollten aufleuchten, wenn ein Pferd seinen Schritt bindet, das heißt, auf eine sehr kurze Trittlänge dauerhaft zurückgenommen hat. Natürlich kann es noch als Therapiepferd oder als Schulpferd für Anfänger eingesetzt werden. Jedoch ist sein Bewegungsspielraum eingeschränkt und auch nicht mehr sehr natürlich anzufühlen. Da solche Pferde immer wieder aus ihrem Gangmaß herausgenommen wurden, haben sie es verloren. Eine gewisse Versteifung und Erstarrung im Körper ist dann die Folge. In

doch auch jetzt ist es im körperlichen und seelischen Gleichgewicht.

Dagegen ist Ihr Pferd aus der Balance geraten, wenn der Schritt hohl, dumpf oder laut klingt oder wenn die Beine ungleich zum Boden kommen. Lautes Rumpeln ist immer ein Zeichen, daß das Pferd im vorgegebenen Geradeaus oder auf der Kreislinie schwankt und sich nicht eingerichtet hat. Die Gründe dafür können vielfäl-

diesem Fall kann nur ein tierärztlicher Check belegen, ob schon eine gesundheitliche Beeinträchtigung in Form von Entzündungen und Arthrosen vorliegt und die Belastbarkeit dadurch erheblich vermindert ist. Oft jedoch werden solche Pferde in gute Hände gerettet - und dann plötzlich entartet der Sportsgeist des Reiters und dieses gebunden gehende Pferd soll auf einmal sportlich-athletisch mittun. Damit ist es überfordert.

Wenn ein Pferd tastend fühlig geht oder vorne vor und nach außen gestellt steht, ringt es häufig mit der Bewältigung von Huflederhautentzündungen. Jetzt hat Ihr Pferd wirkliche Schmerzen! Nehmen Sie Rücksicht! Verordnen Sie ihm ein Bewegungsprogramm ohne Reiter im Geradeaus. Kühlen Sie dann wieder und wieder die Hufe im Wasserbad oder in der Schwemme und unterstützen Sie das Pferd mit homöopathischen Mitteln zum Entzündungsabbau. Lassen Sie Ihr Pferd mit Schmerzen in der Huflederhaut auch nicht fest stehen. Zur Runderneuerung des Bewegungsapparates verschafft sich das Pferd in fast allen Lebenslagen Bewegung.

Ganz anders verhält es sich mit der Beurteilung und Korrektur des zackelnden Pferdes. Es handelt sich beim Zackeln um einen dauerhaften, zappeligen Trippelschritt. Er ist mit Sicherheit unnatürlich und immer ein Zeichen von Überforderung oder Übermüdung. Das Zackeln entsteht durch ein zu häufiges Galoppieren im Gelände bei meistens zu kurzem oder einseitigem Zügelanzug. Mit häufigen Sprintstarts erzieht man Pferde zum Zackeln. Bei manchen Pferden zeigt sich dieses Überforderungssyndrom beim Ausritt in einer zu großen Reitgruppe, deren Rhythmus sie unter dem Reitergewicht nicht finden können. Das Zackeln ist eine unangenehme, nervöse Eigenschaft, die den Reiter nicht zum Pausieren kommen läßt. Es handelt sich dennoch um ein recht harmloses Phänomen, obwohl es abschreckend wild aussieht. Ermüdet ist das Pferd insbesondere im Rücken. Es braucht also über Jahre ein Schonprogramm. Ansonsten verliert es zuviel Kraft. Durch rückenschonendes Reiten und einen intelligenten Trainingsaufbau im Hinblick auf die Variation in der Zügellänge und die Einteilung der Gangarten kommt das zackelnde Pferd wieder in einen normalen Bewegungsfluß. Diese Rückerziehung ist jedoch sehr störanfällig, wenn das Pferd auf unbeherrschte, einherpreschende Reiter trifft.

Manche Pferde gehen im Paßgang wie ein Kamel. Es gibt Rassen, die dieses von Natur aus gerne tun, da sie bis zu fünf Gangarten haben, zum Beispiel die Isländer. Bei den meisten Pferden handelt es sich jedoch um eine harmlose Ausweichreaktion vor dem klemmigen Sitz oder der festen Hand des Reiters. Ihr Pferd erzieht Sie also gewissermaßen, besonders wenn Sie für das Dressurreiten eine akzentuierte Reinheit der Gänge anstreben.

Öffnen Sie die Zügelhand! Öffnen Sie den Sitz! Lassen Sie los in ein Taktgefühl und eine heitere Stimmung hinein. Dann können Sie den Paßgang des Pferdes korrigieren. In jedem Fall ist diese sanfte Anmahnung des Pferdes zu mehr Rücksicht nicht belastungseinschränkend oder gesundheitsschädlich. Sie ist nur ein Hinweis für ein differenziertes, gefälliges Reiten.

DER BEWEGUNGS-AUSDRUCK IM STAND

Viele Pferdeskulpturen zeigen ein blankes Pferd (ohne Sattel und Trense) im Stand. Manchmal sind es Stute und Fohlen, doch häufig berühmte oder eindrucksvolle Hengste. Diese in Parks oder vor Museen aufgestellten Schönhei-

ten faszinieren auch Menschen, die sonst gar nicht in Kontakt mit Pferden sind, und lösen Freude aus. Die Pferde in diesen Skulpturen haben meistens gespitzte Ohren und stehen in Schrittstellung. Mit erhobenem Hals und Kopf blicken sie aufmerksam in die Ferne.

Pferde lieben diesen Blick in die Weite. Alles in ihnen scheint dann Ferne aufzunehmen. In ihrer Konzentration sind sie weit weg, jedoch vermitteln sie einen Eindruck von befriedigter Neugier und von Genuß. Das in die Weite abgelenkte Pferd steht in diesem Moment natürlich nicht in direktem Gehorsam und Kontakt zum Reiter oder Halter. Dennoch ist diese Haltung zumeist begleitet von positiver Zustimmung und gespannter, jedoch gelasse-

Pferde lieben den „Blick in die Ferne". Foto: C. Krumm

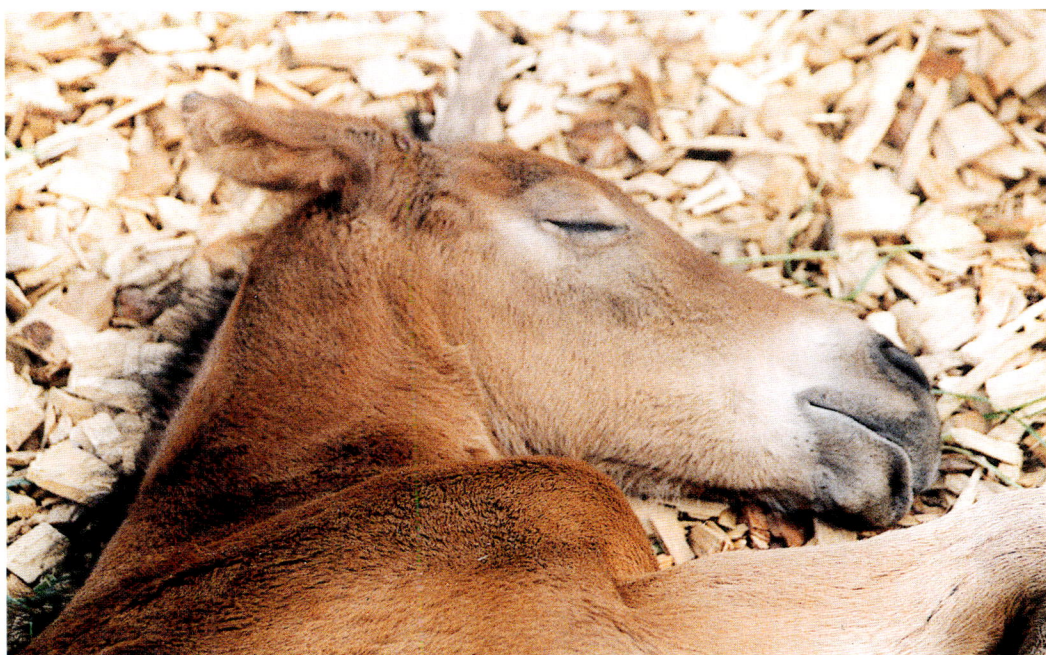

Quarter Horse-Fohlen „MAE" genießt seinen ersten Schlaf nach der Geburt.
Foto: K. Frey

ner Lebensfreude. Nehmen Sie sich dann doch einfach auch eine Minute Zeit, in die Ferne zu schauen. Finden Sie dabei heraus, welch enormen Genuß das auf Ihren inneren Frieden und Ihre Haltung hat.

Auch schlafen kann das Pferd im Stehen. Dieses ist zwar aus Sicht des Reiters nicht so erwünscht, kommt jedoch vor. Natürlich mußten Ackerpferde und Droschkenkutschergäule ihre Fähigkeiten pflegen, im Stehen zu schlafen, da sie sonst das Arbeitspensum überfordert hätte. Unser altes Pony Moritz übersteht seine Spielereiterwettbewerbe mit 25 Jahren, indem er den größten Teil der Veranstaltung stehend verschläft. Wenn er an den Start kommt, beobachtet er aufmerksam den Trail. Dann trägt er seinen kindlichen und unerfahrenen Reiter genau auf Strecke durch. Bei der Siegerehrung - und er ist immer plaziert! -

schläft er wieder. Alle Pferde sollten die Fähigkeit, im Stehen zu schlafen und stark auszuruhen, pflegen können. Das ist besonders wichtig für Pferde, die viel auf Kurse und Turniere gehen. Sie werden sonst zu rappelig und verlieren zuviel an Gesicht und Nerven.

Im Schlaf sieht das Pferd nicht so hübsch aus wie sonst, so wie wir wahrscheinlich auch nicht. Alle Grundspannung fährt aus dem Körper dahin. Es läßt los. Die Unterlippe hängt flapsig, die Augen sind halb geschlossen, es ruht mit einem gewinkelten Hinterbein, die Ohren hängen matt und oft auch der Rücken. Kein erhebender Anblick, doch schlafen gehört zum Leben dazu. Es beinhaltet die Verarbeitung und die Regenerierung. Achten Sie - den Wünschen des Pferdes entsprechend - bitte darauf, daß der Stallplatz und die Organisation und Harmonie innerhalb des Offenstalles Ihrem

Pferd so zuträglich ist, daß es dort schlafend ausruht, sowohl im Liegen als auch im Stehen.

Sehr unangenehm und daher völlig unerwünscht ist die Haltung im Stand, in der sich beim Pferd aufsteigende Panik breitmacht. Es ist dabei gewissermaßen leicht auf den Füßen und sehr hochgezogen im Körper. Den Atem hält es äußerlich flach und zeitweise an. Der ganze Körper befindet sich unter Hochspannung. Der Rücken ist entweder extrem weggedrückt bei festgestelltem Genick, oder die Wirbelsäule wölbt sich im Stand katzenbuckelig nach und nach hoch. Die Bombe ist explosionsbereit. Oft sind Sie als Reiter nicht der Auslöser, sondern ein anderer Außenreiz löst die Fluchtbereitschaft aus. Dennoch sind Sie unmittelbar betroffen. Trachten Sie danach, das Pferd zum gleichmäßigen Atmen anzuregen, indem Sie selber ruhig bleiben. Treten Sie sachte nacheinander in den rechten und linken Steigbügel und ziehen Sie behutsam den Sattel auf dem Pferderücken nach rechts und links, während Sie leicht entlastend sitzen. Die Satteldecke massiert den Rücken des Pferdes aus der Extremhaltung heraus. Mit ein bißchen Glück hört es auf Sie und Sie können dann antraben und es eine Weile rhythmisch abtraben.

Erwünscht in der Arbeit an der Hand und beim Reiten ist das geschlossen gleichmäßig auf allen vier Beinen stehende Pferd. Gleichgewichtspferde haben eine Tendenz, alle vier Hufe gleichmäßig zu belasten. Sie sind durch den soliden Stand körperlich belastbarer und seelisch ausgeglichener. Es gibt viele hochbegabte Pferde, die ausfallend stehen, da sie wackelig und unausbalanciert sind. Für die Stärkung dieser Pferde für die Aufgaben im Reitsport lohnt es sich, ihre Grundbalance zu erhöhen, indem sie immer wieder auf das Stehen auf allen vier Beinen im Lot hingewiesen werden. Seien Sie dabei freundlich.

Es kann auch gesundheitliche Gründe geben, warum Ihr Pferd nicht alle vier Beine belasten möchte. Vielleicht hat es Schmerzen in den Hufen oder Beinen. Wenn Sie die Ursache nicht abstellen können, können Sie nicht athletisch reiten, sondern - wenn überhaupt - nur in leichter Reitweise und schonend. Das Pferd in ausgewogener Grundhaltung auf allen vier Beinen hält den Hals als Balancierstange schön aufgewölbt vor die Vorderbrust hin. Das Genick ist der höchste Punkt. Achten Sie jetzt darauf, ob sich das Pferd im Rücken trotzdem ausweichend verhält oder ihn alters- und anatomie-entsprechend hinhält bzw. gemäß dem Ausbildungsstand.

Und Ihr Pferd sollte überall ansprechbar und berührbar sein, ohne zusammenzuzucken oder zu wackeln. Halten Sie diese Position mindestens fünf Sekunden. Das ist eine hohe Leistung und erfordert von Ihnen und dem Pferd Sammlung, Gelassenheit, Konzentration in Ruhe und intelligente Vorbereitung. Es lohnt sich also, dem geschlossenen Halten auf allen vier Beinen Zeit zu widmen.

DER BEWEGUNGS- AUSDRUCK IM TRAB

Im Trab hat das Pferd vielfältige Möglichkeiten, sich zu artikulieren und auszudrücken. Alle diese Möglichkeiten sind reiterlich wertvoll und gut nutzbar. Im Trab können Sie auf Distanzritten gut Strecke machen oder Erhabenheit und kraftvollen Schwung erfahren und ausdrücken. Da der Trab im Zweitakt in vier Bewegungsphasen sehr rhythmisch ist und den Bewegungsablauf diagonal gleichzeitig durchbringt, ist er für den Reiter sehr gut erlernbar und doch ausdrucksvoll und schwungvoll.

Pferde sind neugierig: Hat ein Gegenstand oder ein Ereignis ihr Interesse gewonnen, nähern sie sich häufig im Trab. Wenn Pferde werben und einen neuen Freund oder eine neue Freundin gewinnen wollen, umkreisen sie den beziehungsweise die Angebetete(n) in einem passageartigen hochaufgesetzten Trab mit anschließendem ausdrucksvollem Halten.

Auch der starke Trab mit rhythmisch verlängerten Tritten kommt in der Natur vor. Manchmal geschieht das, wenn ein Pferd aus einem erregten Galopp in den Trab fällt. Manche Hengste halten sich im starken Trab

bewegt, wenn sie am Weidezaun auf- und ablaufen und sich zu den benachbarten Stuten herübersehen.

Der gelaufene schlanke Trab ist die vorwärtsstrebende Gangart des Pferdes auf einer langen Strecke. Ihn kann man im Gelände getrost nachreiten und sein Pferd dabei gesunderhalten, wenn man leicht in der Hand bleibt. Der Geländetrab ist die extreme Vorwärtsvariante des gelaufenen schlanken Trabs und sehr gut geeignet, um die Schulterfreiheit zu erweitern und den Rücken zu lockern.

Der sogenannte „Jog" ist der Westerntrab in seiner allerlangsamsten Ausprägung. Er kommt in der Natur nicht vor, ist jedoch anatomisch sinnvoll und richtig. Das Pferd gewinnt dabei ein hohes Rhythmusgefühl und eine enorme Elastizität. Daher trainiere ich auch meinen Turnierpferden den Jog an. Als Nebeneffekt gewinnt der Reiter eine äußerst rückenfreundliche und angenehme Gangart. Trachten Sie jedoch danach, die hohe Selbstkontrolle, die in der Zurückhaltung und Sammlung liegt, auszugleichen mit einem freien Vorwärts im Trab oder Galopp. Das Natürliche ist nie einseitig.

Neugierig und aufmerksam beobachtet der Andalusierhengst einen Vorgang in der Ferne. Foto: Schmelzer

DER BEWEGUNGS-AUSDRUCK IM GALOPP

Der Galopp ist die Gangart der Flucht des Pferdes oder auch die des Angriffs. Der Galopp hat immer Schwung und durch die Schwebephase auch Sprungkraft. Er ist, bis auf den antrainierten versammelten Galopp, zügig oder schnell, in jedem Fall aufwendig kraft-

Der Galopp des Pferdes hat immer Schwung. Foto: Schmelzer

voll. Das Pferd setzt den Galopp reduzierter ein als manch ein Herrenreiter sich vorstellt. Es galoppiert im Spiel und im Ernstfall der Flucht nur ein paar Kilometer und ruht sich dann aus. An den Reiter stellt das Galoppieren erhöhte Ansprüche: Es geht um Tempo und auch Fallangst. Außerdem muß der Reiter durch den Dreitakt im Galopp den Körper auf der rechten Körperhälfte anders durchschwingen als gleichzeitig auf der linken Körperhälfte. Das erfordert Körperkontrolle und Losgelassenheit. Das Pferd bewegt sich in einem weiteren Rahmen und es will von der Hinterhand bis zum Genick im Sitz des Reiters trotzdem begleitet sein.

Viele Pferde haben daher das Galoppieren verlernt. Immer zurückgenommen, trauen sie sich nicht mehr, anzu-

springen oder im Handgalopp richtig durchzuspringen. In ihrer Stimmung sind sie dann entweder tranig und fest oder arhythmisch aufmüpfig und widersetzlich. Zusätzlich wird der Mut des Pferdes zum Galopp eingeschränkt durch den beschnittenen Lebensraum, in dem die Pferde zu Hause sind. Reitbahn und Longierzirkel sind in unseren Augen große Geländeanlagen und Gebäude. Jedoch für das Pferd sind sie als Bewegungsraum immer zu klein. Es traut sich nicht, den Reiter in die vielen Kurven hinein im Galopp mitzunehmen, weil es Angst hat hinzufallen. Zusätzlich kann der Reiter in Sitz und Einwirkung dem Galopp oft nicht folgen. Er behindert das Pferd mit klemmendem Ober- und Unterschenkel und einer rückwärts einwirkenden Hand.

Wie kann das Pferd den Galopp neu lernen? Üben Sie in der Bahn nicht das Galoppieren, sondern das Angaloppieren. Reiten Sie beispielsweise auf dem Zirkel die offene Seite zur Bahnmitte im Trab und die geschlossene Seite im Galopp immer abwechselnd. Reiten Sie im Trab kreuz und quer durch die Bahn und stellen Sie überall kleine, 20 bis 30 Zentimeter hohe Sprünge verschiedener Art auf. Falls Ihr Pferd nach einem dieser kleinen Sprünge in Galopp fällt, sollten Sie darauf achten, es nicht reflexhaft über die Zügeleinwirkung wieder aus dem Galopp zu nehmen. Reiten Sie im Gelände im Galopp von zu Hause weg! Galoppieren Sie zügig vorwärts mit möglichst wenig Zügelanzug. Ihr Pferd möchte den Galopp wieder lernen und Sie können dabei die höchsten Freuden der Reitkunst genießen. Doch ein Pferd, das nicht mehr galoppieren darf, verlernt nach und nach das Laufen insgesamt. Das wäre schade, auch für Ihr Reitgefühl.

DER BEWEGUNGS-AUSDRUCK IM OFFENSTALL

Bitte achten Sie auf die Sprache Ihres Pferdes in seiner häuslichen Umgebung. Nehmen wir an, daß Ihr Pferd oder Pony in einem Offenstall lebt. Wie verhält es sich, wenn Sie oder andere Menschen an den Zaun gehen? Wie ist das Fütterungsritual? Wo schläft Ihr Pferd? Mit wem ist es befreundet oder verfeindet? Spielt es mit einem anderen Pferd oder verschafft es sich anderweitig Bewegung? Wie ist sein Futterzustand, der Zustand der Hufe, sein Gesichtsausdruck, sein Augenausdruck? Wie stark und glanzvoll ist sein Fell?

Der Begriff Offenstallhaltung ist heutzutage offenbar weit gefaßt. Ein paar Silageballen können eine Plane balancieren und schon dient dieses Fragment als Offenstall. Vielerorts lassen die Bauvorschriften keine solidere Lösung zu. Doch auch in der schönsten Offenstall-Luxushütte können Pferde stehen, die sich dort unwohl fühlen. Woran können Sie das merken?

Im Extremfall stürmt Ihr Pferd des öfteren zum Gatter heraus, wenn das jemand öffnet. Dann liegt der Verdacht nahe, daß es vor einem anderen Pferd in der Gruppe permanent Angst hat.

Sie sollten dann die Besetzung der Gruppe ändern, damit Ihr Pferd entspannen kann. Manche Kandidaten rasen auch heraus, weil sie süchtige Grasfresser sind. Sie trauen Ihnen nicht, daß Sie genügend davon zur Verfügung stellen werden. Es gibt kalte Gegenden und kalte Ecken, einige sind auch noch von einem scharfen Zug durchweht. Erfahrungsgemäß mögen Pferde solche energiekalten Ecken nicht und fangen an zu kümmern. Ein Pferd, welches kümmert, verliert den Glanz in den Augen und über dem Fell. Es magert ab und ist krankheitsanfällig. Im Laufe der Pferdejahre habe ich gelernt, daß im Offenstall keine Zugluft wehen darf; dennoch darf er vorne und hinten offen sein und ein Lüftchen durchwehen lassen. Es gibt einen kalten Windhauch, der Erkältungskrankheiten auslöst. Wenn Ihr Pferd anfängt zu hüsteln, sollten Sie dafür sorgen, daß es in einem zugluftfreien Raum leben kann. Ich selber habe Pferdeboxen wie aneinandergereihte Schachteln aufstellen lassen. Die Tür ist offen wegen der Kommunikationswünsche und dem Bewegungsbedürfnis der Pferde. Sehr wichtig ist für das Wohlbefinden der Pferde auch die Stallhygiene und die Beschaffenheit des Bodens. Grundsätzlich ziehen Pferde härtere Böden einer Tiefstreu vor. Holzboden oder Hartgummimatten mit wenig Einstreuecken werden bevorzugt. In seinem Offenstall sollte ein Pferd oder Pony seinen Bedürfnissen entsprechend leben und sich wohl fühlen können.

Trotzdem reicht das Bewegungsangebot des Offenstallraumes bei weitem nicht aus. Das Pferd braucht mehrmals wöchentlich Besuch und Bewegung.

Das ist der einzige Punkt, wo der Offenstall Nachteile birgt gegenüber der reinen Stallhaltung im Boxenstall. Sie haben in den Stalltrakten einen schnelleren Zugriff auf das Pferd. Dennoch können Sie getrost in den Urlaub fahren, wenn Ihr Pferd im Offenstall in einer harmonischen Gruppe lebt und gut versorgt wird. Es ist letztendlich Illusion zu glauben, daß die Verfügung eines Offenstallraumes und der Gruppenhaltung allein artgerecht ist. Es handelt sich immer noch um eine passable Notlösung, als Ersatz für den natürlichen Lebensraum des Pferdes.

In der Offenstallhaltung möchte das Pferd Ihnen sagen:

„Stelle meine Gruppe harmonisch zusammen, entsprechend der Quadratmeterzahl des überdachten Stallraumes. Sorgst Du für gute Luft ohne Durchzug? Ich möchte möglichst nicht nur einmal am Tag gefüttert werden, sondern zwei- bis fünfmal. Ich wünsche mir ein ausgewogenes Futterprogramm zwischen Rauhfutter und Kraftfutter und Saftfutter. Ich brauche für das Hornwachstum meiner Hufe verschieden gute Böden, wie Asphalt, Sandboden, Lehmboden und auch Granit oder Kopfsteinpflaster. Ich brauche geistige Anregung und Bewegung."

Die Offenstallhaltung ist eine wunderbare Aufstallungsform, insbesondere für Freizeitpferde. Sportpferden bekommt sie genauso gut, ist jedoch pflegeintensiv und arbeitsaufwendig für den Besitzer oder Trainer.

Das Pferd fragt nach Besuch und Bewegung. Foto: Brandt

DER BEWEGUNGS- AUSDRUCK IN DER GESCHLOSSENEN STALLHALTUNG

Immer noch leben die meisten reitbaren Pferde in Deutschland in geschlossenen Pferdeboxen. Und durchaus ist es so, daß viele Pferde sich körperlich und und psychisch eingerichtet haben. Dabei versteht sich für mich dreierlei als selbstverständliche Grundvoraussetzung:

- Die Aufzucht muß artgerecht gewesen sein, in großen Herdenverbänden auf weiten Koppeln.

- Es gilt nicht, ein erwachsenes Pferdeleben lang aufgestallt zu sein. Zulässig halte ich es für intensive Trainingsperioden oder auf Kursen, Reisen zu Turnieren und in ähnlichen Situationen.

- Der Tatbestand der Tierquälerei ist leicht erfüllt, wenn aufgestallte Pferde nicht ein tägliches Freilaufangebot bekommen. Das kann bei geschorenen Pferden im Winter die Reithalle sein oder sonst ein Außenpaddock.

Der mangelhafte Gesundheitszustand deutscher Reitpferde und die kurze Lebenserwartung spiegeln die Realität wider: Unendlich viele Pferde werden mindestens im Winter in Boxen aufgezogen, sind ein Leben lang aufgestallt und haben dabei kein Freilaufangebot und freie Bewegungsmöglichkeit zusätzlich. Den Zustand der Boxenhaltung hält ein Pferd besser aus als das andere.

Wie können Sie am Ausdruck der Pferde erkennen, ob sie in der Box verelenden? Manchmal sieht man, wie ein Pferd unruhig wie ein Tiger im Käfig in seiner Box stundenlang im Kreis herumrennt. Entweder hat es keine Pferdegesellschaft, oder es vermißt ein bestimmtes anderes Pferd. Vielleicht ist es jedoch übertourt, beispielsweise durch ein Turnier oder eine Pferdemesse. In dem Fall braucht es Beruhigung von dem Streß, entweder mit Hilfe von Bachblüten und homöopathischen Mitteln oder aber einer Verlegung nach Hause. Manche Pferde weben in der Boxenhaltung, das heißt sie pendeln von einem weitgestellten Vorderbein auf das andere. Hier ist eine sofortige Verlagerung in die Offenstallhaltung angesagt, da dieses Pferd kreuzunglücklich ist. Es hält das Eingesperrtsein nicht aus und macht sich krank.

Manche eingesperrte Boxenpferde geben sich der Unart des Koppens oder Krippensetzens hin. Mit einem saugenden Geräusch ziehen sie unverhältnismäßig viel Luft ein. Der Ursprung dieser Macke ist gähnende Langeweile im Tagesablauf, mangelnde Bewegung und ein Hinweis auf Sorgen im eigenen Körper. Sie sollten mindestens den Versuch machen, dem Koppen oder Krippensetzen Ihres Pferdes mit der

*Pferde unterhalten
sich gerne.
Foto: Schmelzer*

Umstellung auf Offenstallhaltung zu begegnen. Bei den meisten Pferden hat sich dieses Problem (als Gewährsmangel extrem wertmindernd) bald gegeben oder stark reduziert. Doch oft auch verliert sich diese neurotische Äußerung nicht mehr.

Wenn ein Pferd in der Boxenhaltung wie ein Tiger gegen die Gitter springt, sobald ein Mensch oder ein anderes Pferd vorbeiläuft, ist es mit Sicherheit in seiner Box todunglücklich, weil es sich deutlich eingesperrt fühlt und

Platzangst bekommt. Vielleicht braucht es nur eine andere Box. Ansonsten löst die Umstellung auf die Offenstallhaltung auch dieses Problem.

Wenn Ihr angebundenes oder eben aufgestalltes Pferd Ihnen die Kehrseite zudreht und Sie mit dem Ausschlagen bedroht, tut es das nur, weil der beengte eingesperrte Raum es dazu zwingt. Es fühlt sich nicht sicher genug, um Ihnen sanfter zu sagen, daß Sie sich allmählich oder ansonsten pferdegerechter nähern sollten. Sie reduzieren diese

Androhungen von Hieben, wenn Sie zwei Pferdchen zusammen in eine größere Box stellen oder eben umsatteln auf Offenstallhaltung.

Es gibt immer wieder aufgestallte Pferde, die blitzmunter aus den Augen gucken, die sich auf ihr beengtes Leben eingerichtet haben und denen einiges behagt. Aber achten Sie auf diejenigen Geschöpfe, deren Augen stumpf, introvertiert und depressiv wirken. Wollen Sie ein solches Lebewesen als Sportpartner oder als Gesellschafter für Ihre Freizeit? Und wenn die Lösung so einfach wäre, daß Sie nur Boxenauslaufhaltung oder Offenstallhaltung anbieten? Fangen Sie an und versuchen Sie die Seelenlage des Pferdes aus seinem Gesicht und seinem Augenausdruck abzulesen.

Es gibt im übrigen unterschiedliche Aufstallungsformen in Boxen. Üblich sind Gitterboxen mit und ohne Außen- und Innenfenster sowie Außenboxen vergittert oder mit zweiteiliger Tür zum Herausgucken. Zusätzlich gibt es Abfohlboxen und Aufzuchtboxen, die erheblich größer sind, wodurch es möglich wird, mehrere Pferde darin zu halten.

Und nun ist es an Ihnen zu beobachten, in welcher Box Ihr Pferd einen gelassenen und heiteren Eindruck macht, auch wenn andere Pferde zur Arbeit weggeführt werden, und es ist an Ihnen, mit dem Stallbesitzer einen Platzwechsel zu verhandeln. Boxenhaltung muß nicht per se eine abzuschaffende tierquälerische Aufstellungsform sein. Sie kann in Einzelfällen durchaus zweckmäßig sein und schützt das Pferd vor Anfeindungen von außen. Ein Pferd jedoch 22 Stunden am Tag oder ein Pferdeleben lang in der Einzelbox aufzustallen, ist schädlich für die Gesundheit des Pferdes und hinterläßt irreparable psychische Schäden. Sie wollten aber doch nicht mit einem angeknacksten halbirren Tier Ihre Freizeit verbringen? Oder? Wenn Sie reiten, können Sie gar nicht vermeiden, die körperliche und seelische Disposition des Pferdes in Ihren Körper aufzunehmen. Grund genug, für eine harmonische Häuslichkeit zu sorgen!

Manche Pferde haben einen depressiven Augenausdruck und dazu Kopfschmerzen. Foto: M. Mizelli

DER BEWEGUNGS-AUSDRUCK AUF DER WEIDE

Viele meiner Reiter erzählen mir, der Pferdehimmel sei wie die unendliche Weide, voller grünem, saftigem Gras.

Man kann auch tatsächlich diesen Eindruck gewinnen, wenn man die Pferde und Ponys mit dem ersten Maigras ausweidet. Sie spielen und tollen umher und knabbern genüßlich an den zarten Halmen. Junge Pferde gedeihen und alte und nach einer Krankheit regenerierungsbedürftige Pferde auch.

Beobachten Sie bitte Ihr Pferd, ob es sich auf der Weide wohl fühlt und wie es sich dabei ausdrückt. Da es häufig in Monokultur mit zu eiweißhaltigem Grünlandfutter ernährt wird, verfettet es oft übermäßig, und es besteht die Gefahr einer Hufrehe.

Leidet es unter den Fliegen und Kriebelmücken? Gibt es einen ausrei-

Jungpferde spielen auf der Weide.
Foto: P. Prohn

chenden, schattigen Schutzraum, wohin es sich zurückziehen kann? Sind seine Hufe vielleicht sehr weich geworden auf der Koppel? Wenn Sie es jetzt zum Ausritt abholen wollen, läuft es fühlig auf Feldwegen und Asphaltstraßen?

Weidegang ist für die Pferde natürlich etwas Wunderschönes, wenn man ihn als Regenerierungs- und Ausgleichszeit einsetzt. In Schweden gibt es beispielsweise die Sitte, die Schulpferde eines Reitstalles jedes Jahr für drei Monate auf die Sommerweide zu schicken. Das ist natürlich ein sehr schönes Dankeschön an die Pferde. Im ganzen gesehen halte ich den Sommerweidegang für die Pferde letztendlich für zu monokulturell und auch zu langweilig und eintönig im Tagesablauf. Als Ausgleichsbewegungsangebot, als ergänzendes Nahrungsangebot sowie für Aufzucht und Regeneration ist die Weide jedoch eine unersetzliche wichtige Ergänzung der Flächen in der Pferdehaltung heutzutage.

Für die motorische Entwicklung und für die Reifungsprozesse der Pferde sowie ihre Umgebungssicherheit und Raumorientierung ist es viel besser, eine Landschaft, ein Gelände einzuzäunen und sie dort freizulassen. Jedenfalls macht es ihnen viel mehr Spaß, wenn sie dadurch etwas zu tun haben und auch Unfug anstellen können.

In Schweden und Norwegen sowie auf vielen Ranches in den USA werden die Pferde über Monate auf einem Areal freigelassen, das viele Quadratkilometer umfaßt. Das ist natürlich ein enormes Gelatsche, wenn man eines dieser Pferde einfangen möchte.

Eine norwegische Rennreiterin erzählte mir, daß sie des öfteren von Pferdejugendbanden abgefangen und belästigt wird, wenn sie mit ihrem Hengst ausreitet. Sie ist daran gewöhnt, dennoch ist es für sie dann nicht so lustig und einfach auszusitzen - um so mehr Spaß haben der Hengst und die freigelassenen Pferde (manchmal auch Kühe).

DAS PFERD IN SEINEM KÖRPERAUSDRUCK

Wenn ich den Auftrag bekomme, ein Problempferd zu beurteilen, verschaffe ich mir schon beim ersten Annäherr einen Eindruck von

- seinem Körperausdruck und
- seinem Gesichtsausdruck.

DAS GESICHT

Ähnlich wie bei uns Menschen legt sich auch beim Pferd der Gefühlsausdruck und die Grundstimmung als Ausdruck auf das Gesicht. So kann es richtiggehend Freude zeigen, die dennoch offensichtlich selten erlebt wird. Freude im Gesicht des Pferdes spiegelt sich in seinen Augen wider, seine Stirn wirkt gelöst, entspannt und breit, sein Maul ist locker und beweglich in der Ober- und Unterlippe. Freude strahlt. Dieser Ausdruck beim Pferd ist sehr selten und wird manchmal einem Menschen geschenkt, mit dem es sehr verbunden ist.

Viel öfter zeigt ein Pferd *Neugierde* und offensichtlich ungeteiltes Interesse. Sie können sich die neugierige Ader beim Training und der Korrektur sehr zunutze machen. Wie vorher schon erwähnt, sind unsere Pferde nicht mehr durch den natürlichen Existenzkampf gefährdet und ermüdet. So suchen sie sich andere Reize. Interessante Gegenstände, wie spritzende Wasserschläuche oder fremdartige Aufbauten, beäugen sie als erstes mit gestrecktem Hals und gespitzten Ohren. Dann trachten sie danach, auffällige Besonderheiten mit dem Maul zu erfassen. Sie kraulen und knabbern maulig daran herum. Beriechen ist noch interessant oder anschnobern. Der Augenausdruck zur Neugier ist unschuldig aufgerissen. Zumeist stehen beide Ohren starr gespitzt nach vorne. Beide Vorderbeine sind breitbeinig starr gestellt, fluchtbereit zur Seite und nach hinten, während der Rücken hochgezogen ist.

Mit seiner Neugier hat das Pferd eine hervorragende Disposition für ein intelligentes Training. Leider wird es für die Gestalt der Neugier, die es beim Reiten einnimmt, oft stark angerempelt und bestraft. Richtiger wäre, es je nach Reifungsgrad und Ernst der Trainingssituation, eine Minute gelassen verweilen zu lassen. Diese Erfahrung, die das Pferd in der befriedigten Neugier gemacht hat, fällt positiv auf das Reitgefühl zurück.

Pferde können *Wut und Ärger* empfinden. Sie richten sich damit gegen jemand, der ihren Lebensraum stört oder der jemandem ähnelt, mit dem sie einmal verquer gelegen sind. Am leichtesten kann man den Ärger des Pferdes beim sogenannten Futterneid beobachten. Wenn Sie auf einer Winterweide eine Portion Hafer ausschütten, können Sie sehen, wie direkt und klar das jeweils ranghöhere Pferd sich bemerkbar macht, wenn die anderen diesen Hafer nicht mitaufessen dürfen. Es legt

Ein Gesichtsausdruck, der Interesse zeigt und interessiert. Foto: P. Prohn

die Ohren flach zurück an, rollt mit den Augen, preßt den Kiefer fest aufeinander und bleckt dabei die Zähne. Das sieht furchterregend aus und beinhaltet die echte Drohung, daß jeder gebissen wird, der die Rangordnung nicht beachtet. Diese Beißdrohung ist ernstzunehmen. Ein gleichzeitiges Androhen von Ausschlagen mit einem Schwenken der Hinterbeine ist ebenso typisch. Etwas weniger aggressiv und dennoch ein Ausdruck von Ärger ist das grimmige Zusammenpressen von Oberlippe und Unterlippe, oft begleitet von eng gehaltenen Nüstern.

Wenn Pferde *Trauer* flaggen, kommt eine große Schwere in ihren Körper. Alles zieht hinab. Der Kopf hängt und auch der Rücken. Die Unterlippe hängt und beide Ohren nach rechts und links. Alles wirkt teilnahmslos und abgestumpft. Der Augenausdruck ist dunkel, tief, düster und leer. Das traurige Pferd bewegt sich verlangsamt und frißt schlecht. Manchmal frißt es ausreichend, jedoch verwertet es sein Futter kaum, und dadurch ist der Stoffwechsel so gestört, daß die Gesamtkonstitution leidet. Als ein Fohlen in der Herde tot geboren wurde, trauerte nicht nur die Mutterstute tagelang, sondern 24 Stunden die ganze Herde mit ihr.

Dem zehnjährigen Wallach Rufus starb seine beste Freundin. Bis dahin war er ein starkes, heiteres und ranghohes Pferd gewesen. Vom Tod der Stute an verlor er jedes Interesse an Herdenauseinandersetzungen und damit seinen Rang. Heute, sechs Jahre später, ist er ein heruntergekommenes, verknöchertes Pferd, das einen unsicheren, verlorenen Ausdruck zeigt. Seine Vitalität und Lebensfreude waren mit der Freundin gegangen. Trotz seiner Lahmheiten wird er über die Arbeit an der Hand und leichte Reitweisen seelisch und körperlich erfolgreich stabilisiert.

Die *Resignation* eines Pferdes kommt häufig vor. Es hat dann ein sehr mutloses Gesicht und einen verlorenen Augenausdruck. Die häufigsten Gründe für Resignation sind

- eine miserable Haltungsform, die unangepaßt an die Bedürfnisse des jeweiligen Pferdes ist,

- Sorgen über den eigenen Körper, bei denen das Pferd glaubt oder weiß, daß wir es nicht verstehen und seine Not nicht kennen.

- Sehr, sehr häufig kommt es vor, daß sich das Pferd dem Reiter oder Besitzer mitteilen möchte und ihn nicht erreichen kann, und andersherum haben viel zu wenig Reitschüler die Pferdesprache gelernt. Sie äußern sich dann dem Pferd in einer Fremdsprache gegenüber, die es bisher nicht erlernen durfte oder gar nicht erlernen kann. Dann kommt das Pferd in eine aussichtslose und angstbesetzte Position.

Überhaupt liegen häufig im Gesichtsausdruck des Pferdes viele Formen von *Mißtrauen oder Angst*. Seine Augen und Ohren sind dann starr, seine Nüstern schmal. Es hat oft Kuhlen über den Augen und Sorgenfältchen um die Augen. Seine Stirn wirkt zusammengezogen und migränebelastet. Der Gesichtsausdruck der Formen von Angst und Panik ist recht deutlich interpretierbar, und es nützt nichts,

sich herauszureden, daß Pferde eben Fluchttiere seien. Es gibt unendlich viele Pferde, die sich routiniert und neugierig alles genau ansehen, bevor sie die Flucht ergreifen. Das herausgezüchtete domestizierte Pferd von heute hat sich außerdem längst schon an das Leben mit dem Menschen und seinen Eigenheiten angepaßt.

Die Ausnahme davon bilden übernervöse Pferde. Abgesehen von einem hektischen und ängstlichen Gesichtsausdruck reagieren sie vorschnell und zappelig auf halbwegs ungewohnte Ereignisse. Sie schwitzen leicht oder zittern am ganzen Körper, obwohl sie beispielsweise nur zum Abreiteplatz

eines Turnierplatzes mitkommen durften oder obwohl sie die dritte Position in einer Ausreitgruppe haben und nicht den bevorzugten ersten oder letzten Platz.

Übernervöse Pferde resultieren aus Überzüchtungen hin auf Schaueffekt anstatt auf Reit- oder Leistungskapazität. Empfindsame Pferde können durch die falsche Ausbildung auch leicht zu übernervösen Pferden gemacht werden. Ich denke nur daran, wie leichtsinnig schnell Pferde eingefahren werden, ohne daß sie in ihrer Leinensicherheit abgeklärt oder geschult sind. Aus Sachunkenntnis und Fahrlässigkeit passiert es auch immer

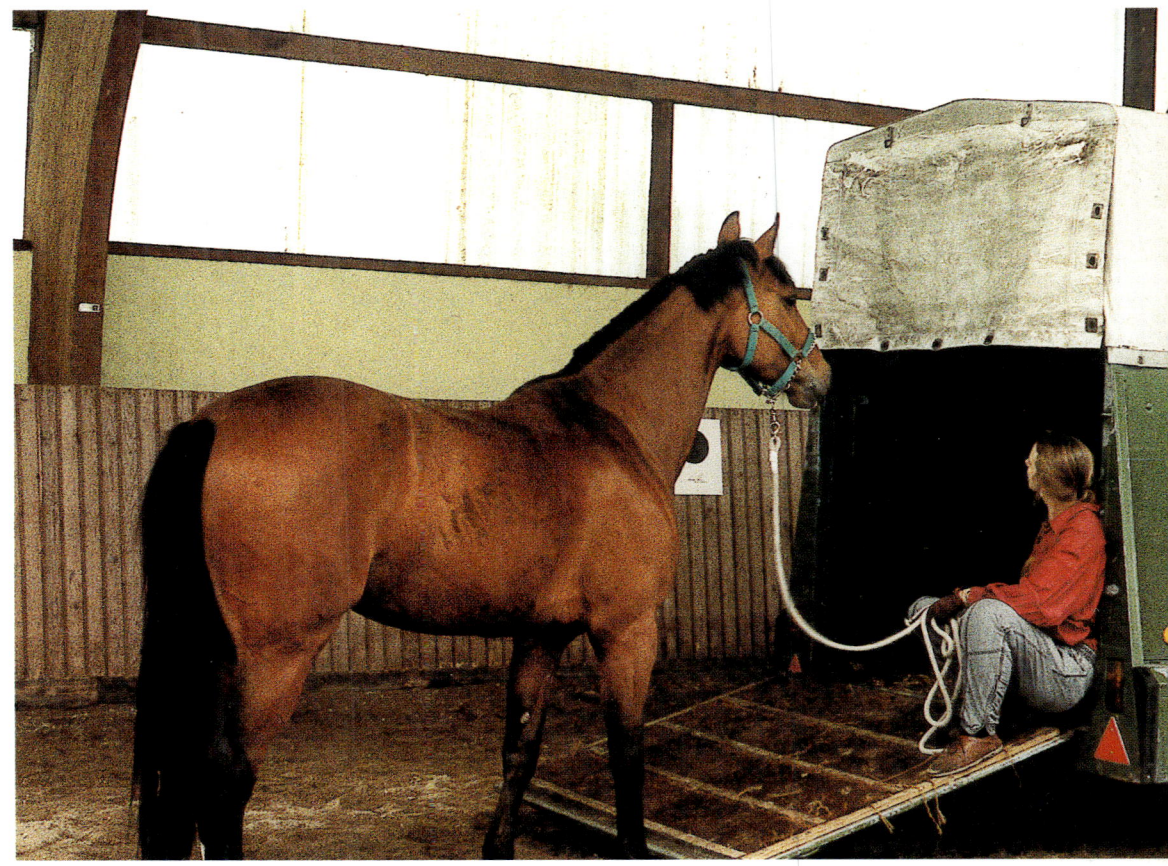

wieder, daß jungen Pferden der zuerst aufgelegte Sattel gar nicht paßt. Sie erschrecken sich und bocken los und der Sattel rutscht unter den Pferdebauch. Ein körperbewußtes Pferd gibt sein okay, weiß, hier stimmt etwas nicht, hält an und läßt die Dinge ordnen. Ein körperunsicheres Pferd bleibt nach solchen Situationen oft dauerhaft nervös. Zum Beispiel verreisen nur seelisch gesunde Pferde auch sehr gerne, weil es ihnen das Leben reizvoll mit interessanten Erlebnissen anreichert. Ein nervöses Pferd läßt Außenreize nicht mehr zu, weil es sie mit unaushaltbarem Streß assoziiert. Es blockiert körperlich und seelisch und über Zap-

peln, Zittern, Ausschnauben und Scheuen leitet es übermäßig verspannte Energien ab. Seien Sie heiter und ruhig eingestimmt zur Korrektur des übernervösen Pferdes und fangen Sie in den Leistungsanforderungen wieder beim Minimalstandard an. Berühren Sie das übernervöse Pferd sanft und sachlich am ganzen Körper. Arbeiten Sie souverän und ohne Mitleid.

Bitte verwechseln Sie nicht Streß und Panik mit den Gesten, die das Pferd für seine Unterwürfigkeit bereithält. Unterwerfung ist in der Rangordnung der Herde ein existenzielles Überlebensritual und alle herdengewohnten Tiere beherrschen sie.

Das Fohlen setzt ein Klappen mit dem Mäulchen als Geste der Unterwürfigkeit ein. Foto: T. Jakobi

Das Fohlen schon streckt seinen Hals vor, legt seinen Kopf etwas schief und klappert die Ober- und Unterlippe zum sogenannten Maulklappern gegeneinander. Diese Geste wird angenommen als „Tu mir nichts, ich bin noch klein!" Bis etwa zum dritten Lebensjahr setzen die Pferde das Maulklappern ein. Das erwachsene Pferd unterwirft sich, indem es allem Streit immer wieder ausweicht oder die gegenseitige Fellpflege anbietet. Es läßt sich „abholen" von einem an ihm interessierten ranghöheren Pferd zu einem Freundschaftsparcours - dem Zusammensein in beiderseitiger Ausschließlichkeit. Wenn es die Freundschaft wechseln möchte, paßt es dafür einen geeigneten Zeitpunkt ab und geht dann mit einem anderen Pferd. Das erfahrene Pferd geht allen Aggressionen und Rangeleien monatelang aus dem Weg und gewinnt Achtung und Position durch Umsicht, Reife und Weisheit.

KÖRPERAUSDRUCK UND ATMUNG

Wenn Sie eine verständnisvolle Einstellung zum Pferd finden wollen, einen Zugang zu seinem Seelenleben und zu seiner Belastbarkeit suchen, sollten Sie lernen, den Körperausdruck zur Atmung einzuschätzen. Atem ist Leben, und das Zwerchfell ist ein sehr streß- und emotionenabhängiger Muskel. Die Reaktion des restlichen Körpers auf ein entspanntes oder verspanntes Zwerchfell oder die Lungentätigkeit ist enorm groß. Eine gelassene Tätigkeit geht einher mit einer Öffnung in allen Poren, im Nervensystem und im Durchfluß der Bewegung für die Gelenke. Aus einer Verspannung in der Atmung resultiert ein Hartspann der Muskulatur und eine eingeschränkte Wahrnehmung des verfügbaren Raumes und gegenüber Situationen. Der „Mainstream" beziehungsweise der Leitgedanke geht in Richtung Flucht.

Wenn Sie sich auf genauere Beobachtungen Ihres Pferdes einlassen, können Sie relativ leicht die Verfassung erkennen, in der es sich über den Strom der Atmung ausdrückt.

Schauen Sie auf die Nüstern in Ruhe und in der Bewegung. Sind sie trompetenförmig groß und pumpen sich? Dann ist Ihr Pferd außer Atem und braucht eine Ruhepause im Schritt oder im Halten. Schauen Sie auf die Körperpartie an den hinteren Rippen und an den Flanken. Sieht Ihr Pferd dort hüftig und eingezogen aus? Dann haben Sie wieder ein Indiz für festgehaltenen Atem. Oder Ihr Pferd hat einen superdicken, prallen Bauch und keine Linigkeit im Körper mehr. Es ist völlig aufgegast vor angehaltenem Atem. Während Sie es locker reiten, pupst es lärmend und stinkend vor sich hin. Dann sind Sie auf dem richtigen Weg zur Losgelassenheit, in der Sie das Pferd in seinem Atemfluß unterstützen.

Gewünscht ist, daß Pferde in den ersten zwanzig Minuten der Reitphase abgasen und abäppeln und vor allen Dingen mehrfach tief und herzhaft abschnauben. Dann sollten sie im idealeren Fall in den schwunghaften Gangarten Trab und Galopp rhythmisch und hörbar durch die Nüstern ausatmen. Der ganze Pferdekörper sollte belebt aussehen durch seinen Energiefluß. Der Energiefluß wird hauptsächlich beeinflußt über eine positive entspannte Atmung. Das wirkt sich dann sowohl auf die Belastbarkeit und Bewegungskapazität als auch auf die Fähigkeit zur Regenerierbarkeit im Schlaf und in den Ruhephasen. Sie können ein besonderes Wohlgefühl bekommen, wenn Sie ein gut atmendes Pferd reiten. Wenn Sie hellhörig genug sind, ist es durchaus möglich, sich unwohl auf dem Pferderücken zu fühlen, wenn Atemverspannungen die Grundfassung als „zu" oder „fest" wiedergeben. Natürlich funktioniert dieses Prinzip wechselseitig: Auch das Pferd kann sich scheußlich fühlen und resignieren oder explodieren, wenn der Reiter in seinen unbewußten Atemstörungen bleibt und dadurch fahrig

Dieser junge Knapstrupper hat ein interessiertes Gesicht.
Foto: Kröncke

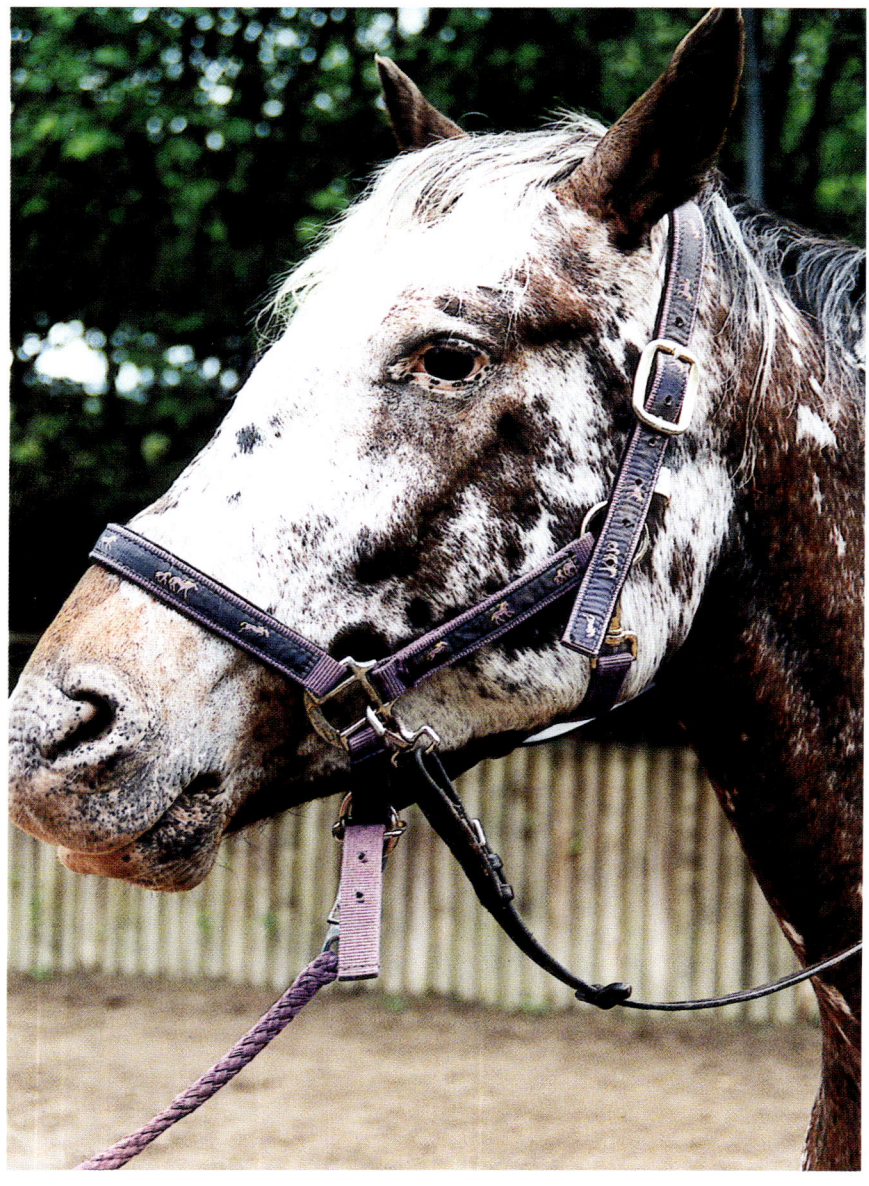

und unkontrolliert einwirkt. Reitgefühl ist also nicht nur eine Sache des Reiters, sondern immer auch eine Angelegenheit, die dem Pferd am Herzen liegt. Trachten Sie also danach, Ihren Atem und den des Pferdes bewußt wahrzunehmen und sich gelassen einzustellen über eine positive Grundstimmung. Das „Wie" können Sie lernen in den Denkansätzen und Kursen der ganzheitlichen Bewegungslehren, wie der Feldenkraismethode, der Alexandertechnik, Tai Chi oder Aikido.

KÖRPERAUSDRUCK UND KÖRPERSPANNUNG

Wenn Ihr Pferd nicht schläft oder ruht und trotzdem chronisch matt und latschig ist, kann es leicht sein, daß es eine niedrige Körperspannung hat. Es fühlt zu wenig Reibung gegen den Raum, und in seinen Körperzellen ist nicht genug Wachheit oder auch nur Erwachen. Vielleicht ist Ihr Pferd auch krank oder mangelversorgt. Häufig genug ist es reell untertonisiert. Der Schritt ist triebig und schleppend, der Trab schwunglos schlurfend, der Galopp gelaufen im Viertakt. Der Gesichtsausdruck ist mau und matt, der Augenausdruck still und auch indifferenziert trübe.

Was können Sie nun machen, wenn ein Pferd eine schwache Körperspannung hat? Manchmal setzt es selber Befreiungsschläge, indem es herumkaspert oder sich freibuckelt. Aber auch damit haben Sie nur Hinweise bekommen und das eigentliche Problem noch nicht gelöst. Setzen Sie dem Pferd Reibung entgegen und Raumwahrnehmung. Wenn Sie es drangsalieren, bestrafen oder mit Grobmotorik in Gang halten, bringen Sie es zur Resignation, da es sich nicht verstanden fühlen kann. Setzen Sie dagegen großzügig Berührung als Kommunikationsmittel ein. Streichen Sie es ab, putzen Sie es mit seinen Lieblingsbürsten, massieren Sie es mit den Händen oder mit Massagehandschuhen.

Verschaffen Sie ihm Erfolgserlebnisse, indem Sie es beispielsweise an der Longe über einen Graben springen lassen und zum Lob füttern oder es durch eine Furt reiten. Seien Sie im Reitstil klar und herzhaft - mehr auf Gleichgewicht als auf Versammlung orientiert. Und als allererstes: Zeigen Sie dem Pferd gegenüber Verständnis, daß Sie das Problem der Untertonisierung wahrgenommen haben und ab sofort intelligenter mit ihm umgehen werden.

Es gibt natürlich auch völlig überspannte Pferde, also solche, die in ihrer Körperspannung extrem hochgeschraubt sind. Bei jedem Windstoß fahren sie zusammen und hampeln herum. Laute Geräusche, wie Festzeltmusik oder ein Auspuffknattern, bringen sie dazu, den Kopf hochzurecken, die Augen aufzureißen oder zu rollen und umherzuhüpfen oder sich turboartig im Kreis zu drehen. Berührungen gehen ihnen gleich zu nahe und reiterliche Hilfen und Einwirkungen dürfen nur gedanklich vorgetragen werden. Diese Pferde sind ungemütlich und anstrengend. Sie erfordern einen erfahrenen Reiter mit große Beweglichkeit und guter Körperkontrolle. Das Training muß unter besonderer reiterlicher Disziplin und immer im vorausschauenden Denken angelegt sein. Ein unter hoher Körperspannung stehendes Pferd verleiht man auch nicht so gerne an Mitreiter, und man findet seltener einen guten Trainer.

Was also können Sie tun? Respektieren Sie das Pferd in seiner

Für die Levade braucht das Pferd Kraft in der Hinterhand und eine gute Körperspannung.
Foto: Schmelzer

Extremsituation. Seien Sie gesammelt, gelassen und beherrscht im Umgang. Halten Sie auch Ihre Gedanken im Zaum. Ihr Pferd ist besonders talentiert für die Gedankenübertragung und setzt schnellstens um, was Sie denken. Schließlich wollen Sie manches von dem, was Ihnen so durch den Kopf geht, gar nicht verwirklicht sehen, z.B.: „Hoffentlich verweigert es gleich nicht den Sprung!" oder „Es ist bestimmt zappelig beim Aufsitzen!" Visualisieren Sie statt dessen die Situation, die Sie mit dem Pferd erreichen möchten: ein ruhiges Aufsitzen oder einen fliegenden Galoppwechsel.

Belasten Sie das Nervensystem des hochgespannten Pferdes nach und nach mit etwas mehr Reibung. Legen Sie die weich gehaltenen flachen Hände auf oder berühren Sie es mit Wollmützen oder Schaffellputzhandschuhen. Reiten Sie es mit Körperseilen und schließen Sie den Sitz zum Pferd geregelt, jedoch leicht. Trainieren Sie des öfteren in tiefem Sandboden, damit Ihr Pferd wieder über den Rücken kommt. Galoppieren Sie es regelmäßig reell aus, damit es sich über Ausarbeitung neu spürt. Reiten Sie besonders achtsam ins Gleichgewicht, damit der Hartspann in der Muskulatur und im Nervensystem nicht zu Überbeanspruchung des Pferdes und zum unbequemen Reitgefühl des Reiters führt.

Dieser Vollbluthengst ist abgelenkt durch andere Pferde und steht unter einer sehr hohen Körperspannung. Foto: C. Reese

Wenn die Körperspannung Ihres Pferdes sehr hoch ist, müssen Sie beherrscht im Umgang sein und Ihre Gedanken im Zaum halten. Foto: Schmelzer

KÖRPERAUSDRUCK UND FELLSTRUKTUR

Am Fell des Pferdes können wir über seine Verfassung, Belastbarkeit und seelische Ausgewogenheit viel lernen. Dieses kann auch mit den Jahreszeiten wechseln, so daß man sich regelmäßig neu einstellen muß. Immunschwächere Pferde sind in Zeiten des Fellwechsels im Frühjahr und im Herbst krankheitsanfällig oder oft auch nur matt und lustlos.

Manche Pferde können in ihrem Winterfell überhaupt nicht arbeiten, besonders nicht in einer Reithalle. Sie schwitzen dermaßen im Winterpelz, daß sie sich an ihrem eigenen naßgeschwitzten Fell erkälten und latent einen chronischen Husten und eine Verschleimung der Lunge aufbauen. Ihnen kann man am besten mit einer Schur des Felles die Belastbarkeit im Reiten ermöglichen. Das heißt natürlich für die Haltung: Die Pferde müssen eingedeckt und aufgestallt sein, denn ohne Fell ist es denn doch zu kalt. Es gibt andere Pferde, die im Stoffwechsel sehr stark sind oder rassetypisch weniger Winterfell aufbauen, wie etwa der Araber. Es wäre dann schade, alle Pferde über einen Kamm zu scheren und jedem sein Winterfell zu nehmen. Es gibt Pferde mit weniger Pelz, die leicht damit zurechtkommen,

gleichzeitig reiterlich belastbar zu sein. Sie merken es daran, ob Ihr Pferd frühzeitig schwitzt oder auch einige Stunden nach dem Reiten stark nachschwitzt. Achten Sie außerdem darauf, ob es im Winterfell nach geringster Belastung pustet und schwer atmet. Sie provozieren einen Herzfehler, wenn Sie es mit Winterfell weitertrainieren. Über mehrere Jahre gesehen müssen Sie allerdings damit rechnen, daß beim häufig geschorenen Pferd die Fellstruktur wechselt. Das dann nachwachsende Winterfell wirkt teppichartig, dabei jedoch stumpf und unlebendig. Es hält dem Regen und dem Wind nicht entsprechend stand wie ein natürlich und ungestört ausgereiftes Fell. Wenn Sie dem Pferd eine solide Schutzhütte zur Verfügung stellen, leidet es darunter nicht.

Wenn aufgestallte Boxenpferde für die Umstellung in der Offenstallhaltung ein Winterfell brauchen, schiebt oft jahrelang nur ein „durchmotteter" Pelz nach. Das Winterfell wird löcherig und ist leicht empfänglich für Pilzbefall oder Parasiten. Wenn Sie diese Pferde gewissenhaft pflegen, können Sie das Problem in den Griff bekommen, bis es sich im Stoffwechsel umgestellt hat. Unterstützen Sie Ihr Pferd mit Pflegemitteln, wie Fermentgetreide oder anderen entsprechenden Futterbeigaben.

Das Sommerfell aller Pferde sollte schier, glatt und glänzend sein. Wenn es nicht so aussieht, hat Ihr Pferd ein körperliches oder ein seelisches Problem. Das Fell des Pferdes ist oft kaputt, weil es mangelversorgt ist. Es bekommt nicht genug für den Stoffwechsel über eine ausgewogene Ernährung. Die Ursache für die brach-

Pferde im Winterpelz.
Foto: Schmelzer

liegende Stoffwechselversorgung kann auch seelisch bedingt sein. Achten Sie darauf, ob es in der Gruppe herumgeschubst wird, oder ob es den Kontakt zu Ihnen vermißt und sich reiterlich unausgelastet fühlt. Unterstützen Sie das Pferd homöopathisch über den Heilpraktiker und - bei Bedarf - medizinisch über den Tierarzt, wenn Sie beispielsweise eine Blut- und Hautuntersuchung machen lassen oder Giftwaschungen ansetzen wollen, um Parasiten zu vertreiben.

Das Pferd entgiftet nicht nur über die Haut, sondern zeigt auch seelische Belastungen und Störungen im Energiehaushalt an. Es kann Quaddeln haben, die Sie aushungern müssen, oder schattige Stellen über den Körperpartien, die geschwächt und krank sind. So zeigt eine überschattete Nieren- und Flankenpartie oft einen aufkommenden chronischen Husten an. Die Pferdehaut sollte heil sein. Bitte versorgen Sie Blessuren und Streifwunden, damit die „Hülle" stark ist.

DIE
SINNESORGANE

DAS OHR

*Aufmerksam und gehorsam dreht dieses junge Pferd seine Ohren nach vorne.
Foto: Kröncke*

Pferde können sehr gut hören. Im Zusammenspiel der Ohren mit den Augen können sie sicher sehr viel intensiver wahrnehmen als wir Men-

schen. Ein leises Gebrummel unsererseits beim Reiten, wie etwa mhmh oder nana, kann sie zur Beruhigung veranlassen, und das Flüstern der Mäuse hören sie sicher auch. Wenn Sie ein Pferd beobachten, können Sie leicht wahrnehmen, wie lebendig es sich über das Ohr zur Welt orientiert. Wenn es die Ohren flach anlegt, droht es deutlich. Dreht es beide Ohren starr nach vorne, ist es entweder extrem neugierig oder aber von Panik durchsetzt. Das aufmerksame, jedoch gelassene Pferd lauscht mit einem Ohr dem Reiter, indem es die Ohrmuschel nach hinten hält, und mit dem anderen Ohr wendet es sich seiner Umgebung zu. Es handelt sich um eine sehr differenzierte und harmonische Fähigkeit.

Dreht das Pferd die Ohrmuscheln nach unten und stellt es die Ohren dabei seitlich ab, ist es nicht in guter Verfassung. Teilnahmslos und seelisch müde gibt es auf. Diese Ohrenstellung nehmen Pferde auch bei Rangordnungskämpfen ein, um Unterlegenheit zu zeigen.

Wir wünschen uns Pferde mit differenzierten mittellangen Ohren, die oben zu einer netten Ohrenspitze zulaufen. Sie sind im Gelenk leicht nach außen gedreht. Auch in den Ohrengelenken kann das Pferd leicht versteifen. Aus der Energielehre über die Akupunkturpunkte wissen wir, daß der sogenannte dreifache Wärmemeridian um die Ohrenansätze herum verläuft. Die Stimulierung des Erwärmers beeinflußt Atmung und Verdauung positiv, besonders bei Koliken. Eiskalte Ohren sind ein Zeichen von mangelndem Energiefluß im Körper und Krankheit, besonders wenn sie dabei fühlbar hart sind. Auf den Ohren ver-

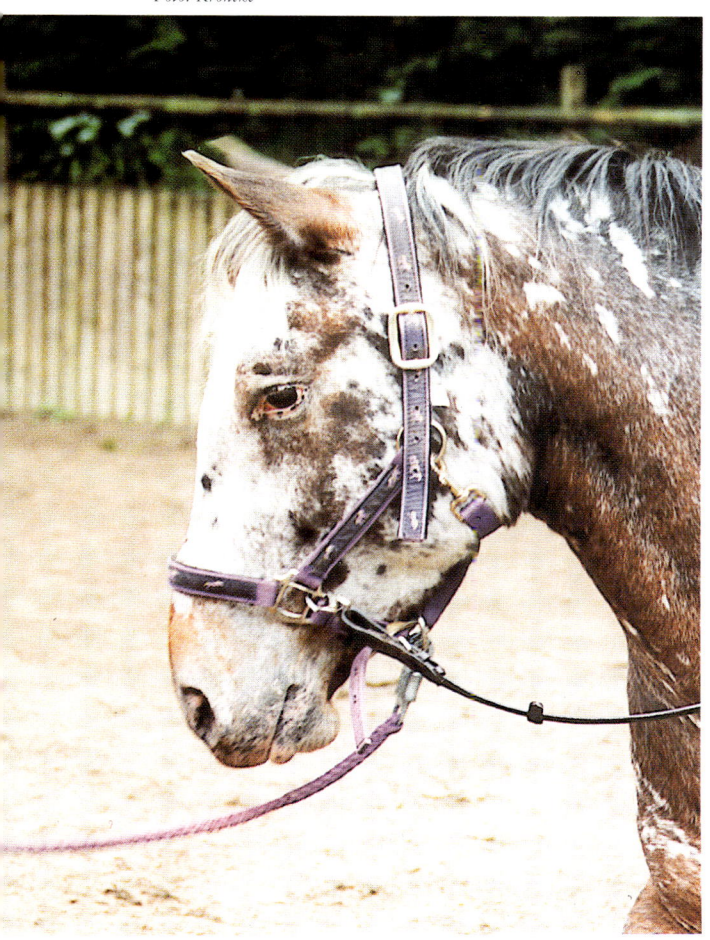

Aufeinanderzuge-stellte Ohrenspitzen sind ein seltenes Merkmal.
Foto: C. Reese

laufen alle Akupunkturpunkte des Körpers. Über Akupressur und Berührung können Sie dort stimulieren, besonders wenn das Pferd heiße Ohren und Fieber hat oder der Kreislauf zusammenzubrechen droht. Kleine kurze Ohren kennzeichnen oft sture Pferde oder Ponys und riesige tütenför-

Das Auge des Pferdes sollte groß, klar und ruhig sein. Foto: Schmelzer

mig verlaufende Ohren eher das langsam denkende Pferd. Wenn die Ohrspitzen aufeinander zu zeigen, handelt es sich häufig um ein nervöses, verspanntes Pferd. Es gibt allerdings auch Rassen, die mit Sichelohren gezüchtet werden. Das Pferd oder Pony möchte an den Ohren berührbar sein, insbesondere als Vorbereitung für das Aufhalftern und das Auftrensen. Nebenbei haben wir einen medizinischen diagnostischen Effekt, in dem wir erfahren, ob das Pferd energiedurchlässig und in bester Verfassung ist. Über sanfte manuelle Anwendungen und die Stimulierung der Ohren und Ohrengelen-

ke können wir den gesamten Benimm und Ausdruck eines Pferdes verändern. Und bitte - achten Sie beim Reiten darauf, daß die Stirnriemen und Genickstücke der Trensen passen und die Ohren Ihres Pferdes nicht so eingezwängt werden.

DAS AUGE

Mit Erstaunen lese ich seit einigen Jahren in Fachartikeln über die mangelnde Sehfähigkeit des Pferdeauges und seine eingeschränkte Farbensicht auf lehmigbräunlich-grünlich und ähnliche Far-

Dieses Auge ist lebendig und freundlich. Foto: Schmelzer

ben. Diese Beobachtungen stimmen mit meinen Erfahrungen nicht überein. In meiner Schule zur Wahrnehmungsübung zeigen mir die Pferde deutlich, worauf sie reagieren. Wenn sie über bunte Plastikplanen treten müssen und diese in allen Grundfarben vorgelegt werden, kann ich immer wieder feststellen, wie gut sie die Farben unterscheiden. Entsprechend schauen sie genau in den nahen wie auch in den weiten Raum sowie über sich, unter sich und hinter sich. Direkt hinter sich und direkt vor sich haben sie einen blinden Punkt, der beim täglichen Umgang und im Training berücksich-

tigt werden muß. Zum einen kann ein Pferd direkt vor dem Absprung wahrscheinlich den Sprung nicht mehr sehen, und es kann Sie auch nicht wahrnehmen, wenn Sie sich unmittelbar von hinten nähern. Halbseitlich von hinten kriegt es Sie sehr wohl sehr genau mit und es fühlt sich wohl, wenn Sie von diesem Raum aus trainieren, da es ihm den Kopf freiläßt und den Beckenraum durchlockert.

Pferde sind sehr gut nachtsichtig. Diese Fähigkeit kommt ihnen bei Nachtausritten zugute, in denen es sich traumwandlerisch sicher bewegt und sogar Hindernisse überwinden kann.

Am auffälligsten rund um das Pferdeauge sind sowohl seine Größe als auch die Fähigkeit, im Augenausdruck das seelische Gleichgewicht zu benennen. Ein Pferd kann eine tiefe und klare Kraft in seinem zumeist dunklen Auge ausdrücken. Oft jedoch sieht man Müdigkeit, Resignation, Trauer, Starre oder aufkommende Panik. Am schlimmsten dabei ist, daß eigentlich niemand reagiert und das Pferd so von sich selber nach und nach abrückt. Wenn Sie das Problem jedoch rechtzeitig erkennen, können Sie über den balancierten und geöffneten Körper dann auch ein Auge wieder öffnen und das innere Feuer des Pferdes wieder entflammen. Auch Fältchen um die Augen und tiefe Kuhlen über den Augen zeigen Sorgen an, die ein Pferd sich über seinen Körper macht. Auch dieser Aspekt von mangelndem Gleichgewicht ist veränderbar. Ihr Pferd jedenfalls würde sich wünschen, daß Sie so nett mit ihm umgehen, daß es ruhig und klar aus den Augen sehen kann. Genießen Sie die Schönheit im Auge des Pferdes, selbst wenn Ihr hauptsächliches Interesse im Reiten besteht. Ein geöffnetes Auge arbeitet dem guten Reitgefühl zu.

DIE NASE

Im langgestreckten Kopf des Pferdes gibt es riesige Nasenhöhlen.
Foto: C. Reese

Wie schon beschrieben, braucht das Pferd wenig Schlaf und ist demzufolge ebenso ein Tag- wie ein Nachttier. Es hat ein sehr gutes Bewegungssehen und reagiert oft sehr schnell. Hier handelt es sich um ein Relikt aus dem Leben seiner Vorfahren, die sich vor Raubtieren retten mußten.

Im langgestreckten Kopf des Pferdes gibt es riesige Nasenhöhlen. Gehen Sie bitte davon aus, daß Pferde viel besser riechen können als wir und sogar bis zu ungefähr einem Kilometer weit. So kann der Hengst die Rosse einer Stute wahrnehmen und braucht nicht „kopflos" zu handeln wie bei der Annäherung eines Tigers an die Herde. Wenn

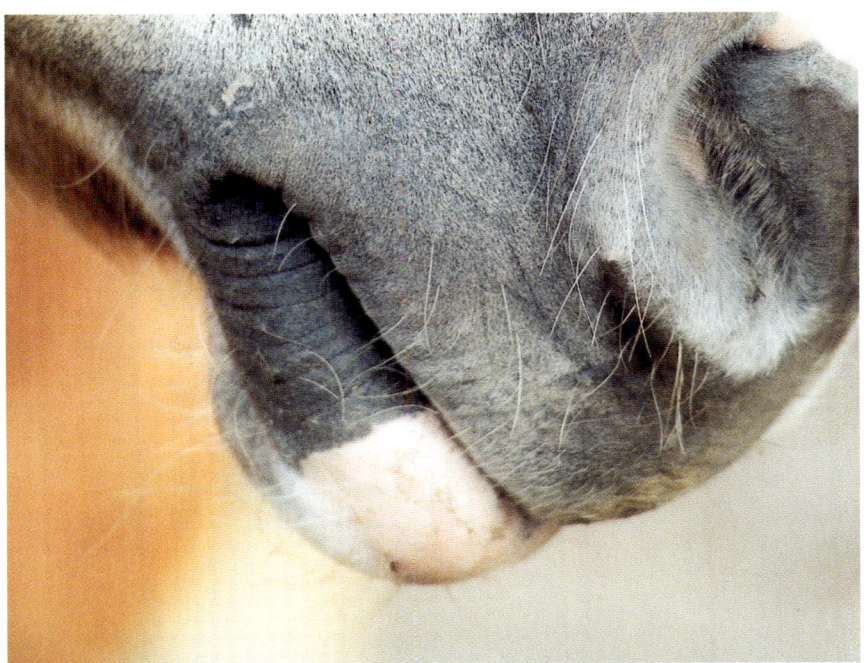

Nüstern und Maul dieses Pferdes sind unverkrampft und locker.
Foto: Schmelzer

Pferde sich zum erstenmal begegnen, begrüßen sie sich über den Geruch. In der Demonstrationsarbeit vor Publikum begrüße ich die fremden Pferde, indem ich eine flache Hand auf ihre Nüstern lege oder den Atemhauch in die Nüstern puste. Spürbar ist dann eine Basis geschaffen von gegenseitigem Kennen und Erkennen. Offensichtlich ist im Austauschen von Gerüchen auch ein Zugang zu Sympathie und Antipathie festgelegt, über den Pferde ihre Freundschaften anbahnen. Das intensive Beriechen von Kot klärt dann die Zugehörigkeit auf zu einer Gruppe oder zur Herde. In allen Sinnesorganen zeigt sich das Pferd uns haushoch überlegen, und es ist daher nicht verwunderlich, wie beeindruckt viele Menschen vom Lebewesen Pferd sind, ohne auch nur reiten zu wollen. Binden Sie bitte beim Reiten die Nüstern Ihres Pferdes nicht mit zu eng oder zu niedrig verschnallten Nasenriemen zu - es möchte noch wahrnehmen können und auch noch flüssig atmen. Sie arbeiten sonst gegen sich, da Sie das Reitgefühl stören.

DAS MAUL

Das Pferd muß ein Okay im Maulbereich spüren, um seine Zustimmung zur gelassenen Zusammenarbeit geben zu können. Oberlippe und Unterlippe sollten sich entspannt aufeinander schließen. Das Pferd sollte mit den Zähnen nicht knirschen oder das Gebiß anderweitig festhalten. Mit einer Massage im Maulbereich können Sie viel dafür tun, daß das Pferd über Zügeleinwirkung überlieferte Informationen richtig interpretiert und gelassen annimmt. Ich selber bin dagegen, lange Tasthaare im Maulbereich (oder auch die Haare in den Ohren) aus kosmetischen Gründen abzuschneiden, weil ich glaube, daß ich dadurch die Wahrnehmung schwäche. Mit dem Maul kann ein hastig fressendes Pferd erkennen, daß mitten im Hafer in der Futterkrippe eine Schere liegt oder auch eine Stecknadel. Ebenso ist es natürlich in der Lage, ein Medikament oder unverträgliches Futter auszusortieren.

Neugierige oder auch ängstliche Pferde untersuchen die Umgebung mit dem Maul und holen sich so Informationen ein über die Zuträglichkeit. So erwächst wieder eine besondere Verantwortung für Ihr Reitgefühl. Wenn Sie feinmotorisch und zurückhaltend in das Maul Ihres Pferdes hereinwirken, werden Sie zusehen können, wie es sich reiterlich entfaltet.

Wenn Sie permanent grobmotorisch mit dem Maul Ihres Pferdes umgehen, indem Sie ständig „riegeln" oder kiloschwer an den Zügeln hängen, bekommen Sie Ihre Quittung im Reitgefühl. Ihr Pferd kann den Rücken nicht mehr hinhalten und sein inneres Hinterbein zum Tragen heranziehen. Erlauben Sie dem Pferd einen entspannten Umgang mit einem als Balancemittel eingesetzten Gebiß in seinem empfindsamen Maul.

DIE HUFE

Die Hufe gehören zwar nicht im eigentlichen Sinn zu den Sinnesorganen, trotzdem sollte ihre Bedeutung in diesem Zusammenhang nicht unterschätzt werden.

Es ist supererstaunlich, wie selten es ist, daß ein Pferd oder Pony auf vier gesunden Hufen die Welt ertastet. Noch seltener ist, daß der Reiter überhaupt eine adäquate Assoziation aufbringt, wie ein Pferdehuf im Bewegungsablauf funktioniert und ab wann er verfremdet aussieht und das Pferd daran Schaden nimmt. Das liegt daran, daß alle Vorbilder so schlecht ausgestattet sind in bezug auf den Huf inklusive der Werbung, der Hufschmiede und der Tierärzte! Tatsache ist, daß der unbeschlagene Huf nicht mehr genug Abrieb hat durch die mangelnde Bewegung des Pferdes und die Haltungsform auf weichen Böden. Der Huf deformiert sich und niemand gebietet Einhalt. Verbände der Hufpfleger sind darauf spezialisiert, die Pferdehufe so zu bearbeiten, als unterstünden sie einem permanenten natürlichen Abrieb.

Noch unpassender für das Pferd ist der Beschlag. Er sollte vermieden werden oder allenfalls in kurzen Lebensphasen eines Pferdes als Notnagel eingesetzt werden. Durch den Beschlag wird die natürliche Gangmechanik des Pferdes außer Kraft gesetzt. Der genagelte Huf kann sich beim Auffußen nicht mehr ausdehnen.

Der gesunde Pferdehuf ist gut durchblutet und bekommt Impulse vom Boden, wonach sich das Hufhorn in seiner Qualität und Textur ausrichtet. Die Füße sind die Grundbausteine für jedes Gleichgewicht in der Bewegung. Hören Sie auf Ihr Pferd, wenn es Ihnen sagen will: Bitte vernachlässige meine Hufe nicht, damit ich laufen kann für Dich!

DIE
INTELLIGENZ
DES PFERDES

Sind Pferde nun dumm, weil sie uns auf sich reiten lassen? Gewiß nicht. Pferde lieben Geselligkeit und sind neugierig auf Gelegenheiten und Aufgaben. Es ist für sie natürlich, sich im Rang einzuordnen und anzupassen.

Die Intelligenz des Pferdes kann sich nicht an Albert Einstein messen, sondern an der Bewältigung seiner (Über-) Lebensaufgaben und seines Lebensraumes:

• Die Voraussetzungen für das Überleben als Beutetier, sind genetisch verankert.

• Dazu kommt die Anpassungsleistung an die Aufgaben, die das Leben im Zeitalter der Industrialisierung und Urbanisierung an das Leben stellt.

• Als dritte Leistung werte ich die Fähigkeit eines Pferdes, „Fremdsprachen" zu erlernen, um nämlich mit uns Menschen kommunizieren zu können. Pferde lernen Menschensprache sogar mehrsprachig – in unserem Fall ist es Deutsch.

Diese drei Aufgaben bewältigt jedes Pferd unterschiedlich, und einigen müssen wir wirklich außerordentliche Leistungen bescheinigen. Der Instinkt sagt ihnen, sich fortzupflanzen. Im Zeitalter der Besamung ist das immer noch eine starke genetisch verankerte Ausrichtung zum Leben.

Die meisten Stuten begrüßen und beschützen noch instinktiv ihre Fohlen. Sie werden dabei nicht mehr von der Herde unterstützt, sondern im Zeitalter des Imprinting (Prägen auf

Im Zeitalter der Urbanisierung schafft es das Pferd, mit uns zu kommunizieren.
Foto: Schmelzer

93

In dem Zusammen-
spiel der Sprachen
liegt die Chance für
ein gutes Reitgefühl.
Foto: Schmelzer

den Menschen gleich nach der Geburt) und des Fortschrittsglaubens an die Tiermedizin zur Erhaltung der finanziellen „Ware Pferd" eher gestört als unterstützt.

Das Pferd hat von der Natur ein hervorragendes Erinnerungsvermögen an leidvolle Erfahrungen mitbekommen, um rechtzeitig und richtig auf Gefahr reagieren zu können. Ein Leben lang erinnert es sich an gefährliche Situationen und Personen und bewertet sie dementsprechend. Natürlich ist seine Bereitschaft zur Flucht keine Dummheit, sondern eine überlebenswichtige Strategie des Urpferdes und Wildpferdes.

Wie kann ein Wildpferd die Leistung schaffen, im verstädterten Raum

als Hobby- und Sportpferd zu überleben? Natürlich sind unsere Pferde aufgrund ihrer Anpassungsleistung selektiert und ausgebildet und wieder selektiert. Und dennoch: Eines meiner Pferde öffnete jede Nacht seinen pferdegerecht versenkten Spezialriegel an der Boxentür, ging dann im Auslauf umher und befreite jede Nacht dieselben Freunde von der Boxenruhe. Andere Pferde bereiten sich ihre Mahlzeit selber zu, indem sie das Heu in die Tränke tunken, um es dem Gras geschmacklich wieder ähnlicher zu machen. Wie vorher schon beschrieben, kann unser altes Pony Moritz sich den Spieleparcours anschauen und merken und völlig selbständig absolvieren. Obwohl ihn das reitende Kind vor

Aufregung in eine falsche Richtung zerren möchte, läßt er sich nicht irritieren, die eigentlich vorgegebene Aufgabenstellung durchzuhalten und auch noch Preise zu gewinnen.

Das Erlernen der Reitkunst über einen Zeitraum von zehn Jahren und sogar ein ganzes Leben lang kann nicht nur vom Reiter her gesehen werden. Das Pferd muß eine unendliche Reihe von Worten und Zeichen einordnen lernen, um mitzutun. Häufig wissen Schaupferde und auch Turnierpferde genau, worum es geht, um Schleifen oder Applaus einzusammeln und machen begeistert mit. Noch tiefer wirkt es in uns, wenn wir die Seele des Pferdes spüren dürfen. Meine zwei Holsteiner haben ein Fohlen betreut, das - über Nacht geboren - unter dem Stromzaun hindurch zu ihnen herübergekullert war. Es war kalt, und das erschöpfte Fohlen hatte sich hingelegt. Sie verschmähten jedoch jeden Hafer, um das Fohlen an unsere Hilfestellung freizugeben. Zart stubsten sie es mit dem Maul an und kratzten leicht mit den Hufen über seinen Rücken, um es zu veranlassen, aufzustehen. Auch als das Fohlen zur Mutterstute zurückgeführt wurde, gaben sie ihren Job als Onkel und Tante nicht auf.

Wir bereiten jedes Jahr ein Ponymusical mit unseren Pferden und Ponys vor. Das Training dauert rund drei Wochen und ist unspektakulär. Allerdings ist die Stimmung unter den Ponykindern sehr optimistisch und gemeinschaftsinnig. Jedes Pferd kämpft darum, am Musical teilzuhaben. Keines will zurückstehen und als Zuschauer dabei sein. Einmal im Ring, wachsen sie über sich selber hinaus. Sie erledigen Aufgaben, die sie vorher noch gar nicht kannten, und sie tragen vollständig zum Erfolg der Aufführung bei. Die Menschen sind gemeinhin geneigt, ihr eigenes intelligentes Verhalten und vor allen Dingen ihre Seelenhaftigkeit hoch zu bewerten. Jedoch glaube ich, daß die Freude im Umgang mit Pferden auch erst recht dadurch genährt wird, daß mit uns ein kraftgewaltiges feuriges Tier kooperiert, das gleichzeitig auf uns zu denkt und fühlt. Wenn die Pferde stimmgewaltiger mit uns sprechen könnten, würden sie vielleicht darum bitten, uns etwas klarer und duldsamer auszudrücken in dem, was wir Pferdesprache nennen.

Und manche würden einfach nur sagen: „Nun kommt mal mit! Setzt Euch auf unseren Rücken! Wir zeigen Euch, was Spaß ist, Schwung, Entspannung, Feuer!"

Pferde sind intelligent und seelenvoll genug, uns aus unserem Alltagstrott zu holen. Eine echte Leistung, die die meisten Menschen heutzutage alleine kaum wahrnehmen können. Sie haben es ganz sicher verdient, daß wir ihre Sprache verstehen lernen.

Wenn Sie Fragen haben zur Sprache des Pferdes, können Sie sich wenden an:

Internationales Institut
für Ausbildung
Feldenkrais und Reiten
Marie-Luise v. der Sode
Hof Anker
Ziegeleistr. 7
D-23881 Lankau
Tel: 04543/891002